フォレスト出版　愛読者カード

ご購読ありがとうございます。今後の出版物の資料とさせていただきますので、下記の設問にお答えください。ご協力をお願い申し上げます。

● ご購入図書名　「　　　　　　　　　　　」

● お買い上げ書店名「　　　　　　　　　　」書店

● お買い求めの動機は?

1. 著者が好きだから　　2. タイトルが気に入って
3. 装丁がよかったから　　4. 人にすすめられて
5. 新聞・雑誌の広告で（掲載誌誌名　　　　　　　）
6. その他（　　　　　　　　　　　）

● ご購読されている新聞・雑誌・Webサイトは?

（　　　　　　　　　　　　　　　　）

● よく利用するSNSは?（複数回答可）

□ Facebook　□ Twitter　□ LINE　□ その他（　　　　　）

● お読みになりたい著者、テーマ等を具体的にお聞かせください。

（　　　　　　　　　　　　　　　　）

● 本書についてのご意見・ご感想をお聞かせください。

● ご意見・ご感想をWebサイト・広告等に掲載させていただいてもよろしいでしょうか?

□ YES　□ NO　□ 匿名であればYES

郵便はがき

料金受取人払郵便

牛込局承認

2041

差出有効期限
平成30年5月
31日まで

162-8790

東京都新宿区揚場町2-18
白宝ビル5F

フォレスト出版株式会社
愛読者カード係

フリガナ お名前		年齢　　歳 性別（男・女）
ご住所　〒 ☎　（　　）　FAX　（　　）		
ご職業		役職
ご勤務先または学校名		
Eメールアドレス メールによる新刊案内をお送り致します。ご希望されない場合は空欄のままで結構です。		

フォレスト出版の情報はhttp://www.forestpub.co.jpまで!

うまくいきそうでいかない理由

4000人の人生を変えた
行動変革コンサルタント
佐藤由美子

フォレスト出版

うまくいきたいと思って、
望む未来を描いているのに、
なぜ、うまくいかないんだろう。
あなたは、そう思っていませんか？

成功哲学や自己啓発、心理学、
ＮＬＰ、ビジョンボード……。
たくさんの書籍やあらゆるセミナーに
参加してきたけど、変わらない……。

あなたが今までうまくいかなかったのには、
理由があったのです。

この本では、成功者やエリートが無意識に行っている
たった「10秒の習慣」について科学的に証明しました。
このたった「10秒の習慣」で、あなたは、
あなたの人生の「前提」を書き換えます。

今まで、何をしてもうまくいかなかったのは、
「何をしてもうまくいかない」という前提があったからです。

2ケ月で月収が4・5倍になった人、

落ち続けていた面接に受かって転職が決まった人、

人生のパートナーが見つかった人……。

驚きの結果が報告されています。

あなたも、たった「10秒の習慣」で、人生を変えてください。

はじめに

もっと条件のよい会社に転職したい。

もっと収入をアップしたいので、副業で稼ぎたい。

結婚しさえすれば、幸せが手に入る。

不労所得を得て、ワクワクしながら人生を過ごしたい。


こんなふうに目標を掲げて、それを手に入れるために懸命に望む未来をイメージする、紙に書き出す、という方は多くいらっしゃるでしょう。

この本を手に取ってくださっているあなたも経験があるかもしれません。

望む未来を実現化できるための必要な行動をステップ化して、起業塾に通う、マーケティングを学ぶ、ライティング技術を学ぶ、投資の勉強をする、婚活をする……などなど。


望む未来をイメージする、ポジティブなことをいつも考える、いつもワクワクすることを選択する。

一見、正しいように思えますし、「うまくいきそう！」と思えます。

でも、実際は、なかなか「うまくいかない」人が、多いのはなぜでしょうか。


「マーケティングを学んでも、必死にやっても結果が出ず、つらいんです」

「ライティング技術さえ身につければ稼げる、と思ったけれども、結局向いていないと思いました」

「婚活に疲れました。品定めされている感じで屈辱的です」

「勉強してもしても足りないと思って、また別の勉強会に行っても、不安になるんです」

「お金をどれだけ稼いでも、まだ足りないという感覚が消えません」


私はこうした声を数多く聞いてきました。

そして、ついには途方に暮れて、皆さんが同じようなことを口にするのです。

「結局、自分が何を望んでいるのか、よくわからなくなってきました」


そうなのです。多くの方は「偽りの目標」を追いかけ、心をすり減らしているのです。

どこかで世間の基準に合わせ、もともと持っていた「こうなりたい」を心の奥底に閉じこめ、不足感を埋めるために、欠乏を埋めるために、世間で言われている「こうなったら幸せ」を手に入れようと躍起になっています。

これは、望みをすり替えて誤魔化しているだけです。

たとえば、何かの不安や恐れを埋めるために、「収入をアップさせる」という目標にすり替えてしまっているのです。でも「収入をアップさせる」ことが本当の望みではないので、どれだけマーケティングを学んでも、副業の勉強をしても、どんどん自分の本質から遠ざかっていくだけです。そして余計に不安になり、ますます、偽りの目標を設定して誤魔化すので、ついには「自分が本当は何を望んでいるのか」が、わからなくなってしまうのです。

偽りの目標、何かを得られない不安。本当は、その奥には、別のことが隠されています。

このことに気づかない限り、どれだけ行動しても、解決には繋がりません。

うまくいきそうで、いかないままなのです。

その一方で、望む未来を懸命にイメージしなくても、楽々と手に入れる人がいます。何かを手に入れなくても、実に幸せそうな人もいます。

恐れや不安を埋めるためではなく、本来の自分の心の声に従っている人は、望む未来から時間が流れているかのように、自然で無理がないのです。自分の基準で幸せを創造できるからです。

この本は「あなたの本当の心の声」に気づき、自分自身を大事に扱えるようになる結果、もっとも望んでいたことが得られる方法を書いています。

あなたも、そろそろ偽りの目標から卒業しませんか？

行動変革コンサルタント　佐藤由美子

第3章／たった10秒で人生の選択が変わる！

第4章 五感を使う準備のワーク

第5章 未来の選択肢が変わる10秒ワーク

第6章 22世紀型の新しい人間関係

第1章

なぜ、
うまくいきそうで
いかないのか？

1

なぜかうまくいかない人生が繰り返される

あなたは、ＤＶＤを自宅で再生したことがありますか？

プレーヤーにＤＶＤを入れると、テレビやスクリーンに映像が映し出されますよね。

ある日、あなたが何気なく再生すると、こんなストーリーが展開されたとします。

たとえば、主人公は、40代前半のサラリーマン。

転職を繰り返す度に、給料が下がり、会社の上司に嫌味を言われ、人間関係の悩みに疲れ果てて、パチンコでストレス解消しようとします。

ところが、調子が悪く、あっという間に10万円負けてしまいます。一方、隣の人は、大当たり。「俺だって！」とつぎこんでいくうちに、スッカラカン。

家に帰って、奥さんにどうやって言い訳しようかと思うと、情けなくなってきます。

あなたは、見ていて、「気の毒な主人公だな」と思います。

「何で俺ばっかり！」「チキショー！　踏んだり蹴ったりだな！」と、主人公はボヤいて、空っぽの財布と共に、パチンコ店を出ていきます。

たとえば、主人公は、30代後半の独身ＯＬ。
短大卒業後、同じ会社でずっと働いていますが、「この仕事は好きではない」と密かに思っています。かといって、自分には、これといった才能はないし、とどこかで諦めています。
転職情報を集めては「この歳で転職したら、給料が下がるし、新しい仕事を覚えるのは大変」とため息をついてしまいます。

あなたは、見ていて、「気の毒な主人公だな」と思います。

主人公は、「こんなことなら、20代の時の彼氏と結婚しておけばよかった」と、異性との出会いがまったくない生活に嫌気がさしています。

会社の帰りに寄ったコンビニで、ついつい買ってしまうスイーツの数々。

「また、太ってしまう……」そう呟きます。


――――――――――。


その時、主人公の顔がアップになります。

あなたは驚きます。何と主人公は、あなた自身だったのです!

ギョッとして、あなたはテレビの画面を触って、登場人物を変えようとします。

「俺はこんな人生、嫌だ!」「これは私ではない!」

あるいは、こんな場面設定は嫌だ!と、状況を変えようとします。


でも、残念ながら、あなたがどんなに画面を叩いても、こすっても、映し出されるストーリーは変わりません。

あなたにおかまいなしに展開していきます。

パチンコ店を出たサラリーマンは、そのあと、酔っ払いにからまれて、ますますイラつきます。

自宅に戻ったOLは、寂しいので、テレビをぼんやりとつけながら、スイーツを食べ過ぎてしまいます。

明日も、次の日も、1週間後も、3ケ月後も、1年後も、ひょっとしたら……5年後も、このストーリーの続きが展開されるだけです。

うまくいかないストーリーが、場面を変えて、展開され続けるだけ。

こんなストーリー、見たくないですよね。

では、あなた好みの「ハッピーエンド」のストーリーを見たい場合、どうしたらいいのでしょうか。

そうです。

ＤＶＤをストップしてプレーヤーから取り出し、新しいＤＶＤに入れ替えればよいのです。

2

うまくいく人生とうまくいかない人生

皆さんは、何か実現したいことがあるから、この本を手に取っていると思います。

誰かに憧れていて「あんなふうになれたらいいな」と思ったことがあるかもしれません。


自分の可能性を信じたい。

せっかくの人生、自分にしかできないことを実現したい。

きっと、誰もが潜在的に感じているはずです。

そのために必要なことは学んできたし、行動もそれなりにしてきた。

でも、なぜか現実は、思い描いた理想とは違う。

「一体何がいけないのだろう？」と答えがわからず、モヤモヤしているかもしれません。

何か実現したいことがあり、そのために行動しているのに、うまくいく人といかない人がいるのは、なぜでしょうか。

あるいは、実現したいことは描けるけれども、なぜか行動ができない、と悩んでいる人もいるかもしれません。

結論からお伝えします。とてもシンプルなことです。

うまくいく人は、うまくいく「前提」が働いています。
うまくいかない人は、うまくいかない「前提」が働いています。

うまくいくには、この強力に働いている「前提」を変える必要があります。
「前提」を変えるとは、うまくいかないストーリーが再生されているＤＶＤを入れ替え、自分が見たいストーリーの映画を見るように、自分が望む人生を自ら演出することなのです。

人生のあらゆる局面は、すべてどんな前提でいるのかが影響している、と言っても過言ではありません。

そう。あなたの中にも、どちらかの前提があります。

3／「うまくいかない前提」の結末は決まっている

同じ願望を抱きながらも、うまくいく人とうまくいかない人がいるのは、「どんな前提が働いているのか？」の違いがあるからでした。


うまくいく前提が働いていると、途中でうまくいかないことがあっても、最後はうまくいくようになっています。

うまくいかない前提が働いていると、途中でうまくいくことがあっても、最後はうまくいかないようになっています。


「だったら、うまくいく前提に変えたい」

誰しも、そう思いますよね。

誰だって、うまくいかない前提なんていりません。

うまくいく前提で、自分の思う通りの人生を描きたい。

そう願って当然です。

ところが……。

重大な問題があります。

この前提は、「無自覚に作用していて、本人は気づいていない」という点です。

本人は気づいていないから、「行動しても、なぜか空回り」という現象が起きてしまうのです。

だから、最初は同じ行動をしていたはずなのに、いつの間にか、うまくいく人とうまくいかない人に分かれてしまうのです。

冒頭の40代前半男性が、嫌味を言う上司が気にくわないので、どうにか存在を消そうと、スクリーンを触っているようなものです。

冒頭の30代後半女性が、寂しい生活から一転して奇跡を起こそうと、理想の相手を登場させるべく、スクリーンを触っているようなものです。

本当は、ＤＶＤそのものを入れ替えれば解決するはずなのに、気づかずに見当違いな努力をしてしまうのです。

これは比喩ですが、「うまくいかない前提」を変えられない人の多くが陥っているのは、こういう状態です。

だから、「行動しても、なぜか空回り」という現象が起きてしまうのです。

4 行動しているのに空回りのカラクリ

「行動しても、空回り」という状態をイメージできるように、冒頭の40代前半の男性を例に説明していきます。

この男性は、月収を上げたいと思って、転職を繰り返していました。

ところが現実は、転職を繰り返す度に、収入が下がっていきます。家に帰ると、奥さんが「今月も赤字だわ……」とつぶやくのを聞き、「申し訳ない」と感じます。

そこで、副業で収入を得ようとします。インターネットを使ってサイトを作り、そこから収入を得るアフィリエイトをしようと思うわけです。

その方法を学ぶために、30万円ほどの投資をしてセミナーを受講します。

確実に作業を続ければ、収入が得られるのはわかっているのですが、本業が忙しくて、なかなかパソコンに向かう時間がとれません。


気づくと1年が経ち、得られた収入は、ようやく毎月5000円ほど。

1年で稼いだ合計額は数万円にとどまります。


30万もかけて学んだので、何とか元をとりたいと思い、「よし、これからは睡眠時間を3時間にして、作業時間を増やそう」と決意します。

ところが、会社から帰ると、毎日21時過ぎ。そこから眠い目をこすり、パソコンに向かうものの、なかなか集中できません。

次の日、会社に行っても、疲れがとれていなくて、取引先で大きな失敗をしてしまいます。

上司に呼ばれ「やる気あるのか？　このままだと、減給になるぞ」と注意されます。

行動しているのに、行動すればするほどになぜか空回りして、疲れてしまう。
よくある話かもしれません。

実は、このたとえ話に、多くの人が陥りがちなパターンを、意図的に象徴させています。

ひょっとして、あなたにも思い当たることがあるかもしれません。

きちんと行動はしています。
もっと状況をよくしたい、と向上心だってあります。
なのに、なぜか現実はうまくいかない。

それは、どこが「無自覚のうまくいかない前提」なのかに、気づいていないからです。
あるいは、気づくのが怖いので、どこかで目を背けてしまっています。気づくと、今まで積み上げたものがなくなるかもしれないからです。頑張ってきた人ほど、怖いと思います。

だから、行動しているつもりが、表層をいじっているだけに過ぎなく、結果に結びつかないのです。

本当は別のＤＶＤを入れ替えればよいだけなのに、スクリーンを触って何とかストーリーを変えようと懸命になっているようなものです。


このお話のどこかと、あなたの人生のどこかは、似ているかもしれません。

「今度こそよくなりたい」

そう思いながら、何か行動をして、それなのに結果が出ず、「今度こそ」と決めた自分を裏切ってしまう無念さ。


私が今まで関わってきたクライエントさんは、そんな一生懸命な人が多いのです。

そんな方こそ「人生は自分の意志で変えられるんだ」ということに気づいてほしい。

そんな思いで、私は関わってきました。

そして多くの人が、人生を好転させる劇的な場面を何度も何度も目撃してきました。

どんな人も、「無自覚のうまくいかない前提」に気づき、変えようという意志さえあれば、「自分の望み通りの前提」に変えられるのです。

では、この無自覚のうまくいかない前提に気づくには、どうしたらよいのでしょうか。

5 人間関係に隠されている答え

行動しても、望む結果に結びつかないのは、「うまくいかない前提」に気づけていないから、とお話ししました。

だから、「今度こそ変わる」と思って行動しても、見当はずれな努力をしてしまうのです。

そして、次々とうまくいかないことの上塗りをしてしまい、一体どこが本当の問題なのかが、余計にわからなくなってしまうのです。

でも、安心してください。

本当の問題はどこなのか、気づかせてくれる小さなサインは、たくさん存在しています。

普段、無意識に感じている「実は違和感がある場面」「実は無理してしまっている場面」「本当は……したいのに、と感じている場面」にこそ、サインがあるのです。

ただ、そのサインは、小さなことが多いのです。

多くの人は、小さいのでサインを見逃してしまい、それが積み重なるうちに、問題の本質を見失ってしまうのです。

ですから、小さなサインにこそ、注意を払ってください。

サインが表れる場面にはいろいろありますが、わかりやすいのは「人間関係の中で、違和感やストレスを感じる場面」です。前提に気づくサインがたくさん隠されています。

違和感やストレスを感じる場面というと、苦手なタイプの人との関係性が思い浮かぶかもしれませんが、それだけではありません。

たとえば、好きな人だからこそ、気を使って一番言いたいことが言えない、ということはありませんか？

人に好かれたいと思って、無理をして相手に合わせてしまったりする場面。

数人の友人と夕食に行くことになって、「何が食べたい」と聞かれ、遠慮してしまい、あとから「本当は……が食べたかったのに」と後悔する場面。

あるいは、会社の会議で意見を求められても、そもそも自分がどう思っているのかもわからないので、とりあえず声の大きい人に同調してしまう場面。

あとから「ああ言えばよかった。失敗した」と自分を情けなく思ってしまう場面。

こんなふうに、自分以外の人との関わりの中で、「サイン」を見つける方が、わかりやすいのです。

自分一人だけの世界の中にいると、自分が楽なものしか選択しないので、このサインに気づきづらいのです。

1つサインに気づけると、それをきっかけに、人生のあらゆる場面で、それが出現していることに気づくことでしょう。

たとえば、そういえば、思っていることを人にうまく伝えられていない、そんな時に胸がモヤモヤしてしまっていた、と1つのサインに気づいたとします。

すると、職場でも、家庭でも、友人との関係でも、メールのやりとりでも、そんな場面が多いなあ……と、今までの人生に何度も繰り返されているパターンだと気づいていくのです。

6／どんな人も「うまくいく前提」に変わる秘訣

自分の人生に何度も表れる、独自のうまくいかない前提。

それは、人間関係の中で、サインとして、わかりやすく出ます。この根本で起きている、「うまくいかない前提」に気づくことで、自分の望み通りの人生に好転できるのです。


私は、延べ4000人を超えるコンサルで、「うまくいかない前提」から「うまくいく前提」に変える方法を見いだしました。

たった10秒のワークで、高い視点と、広く時間の幅で見渡す視点が身につき、サインに気づくことができるようになります。そして、いつの間にか「うまくいく前提」に転換できるようになります。

子どもでも大人でも、どんな人でも無理なく、「うまくいく前提」に変えられる、画期的な独自のワークです。

多くの方が、次々と人生を好転させていき、嬉しいご報告が、毎日届いています。

第2章以降は、10秒ワークが効く背景、具体的な方法、うまくいった人の実例を、紹介していきます。

さあ、10秒のワークで、あなたも、無理なく自然に、前提を変えていきましょう。

自己肯定感が低いと前提を変えられない

先ほどの「副業で収入アップしようと行動しているのに、空回りしてしまっている事例」の人の前提が、仮に「私は、自分の本当に言いたいことを伝えられないで我慢する」だとします。前提がどんなふうに現象化するのか、考えてみましょう。

たとえば、本当は、密かにやりたいと思っている仕事があるけれども、奥さんに言うと「そんな仕事では生活していけないわよ」と反対されるのが怖くて、言い出せないでいるかもしれません。

そこで、現実的に生活できそうな仕事を選ぶものの、好きな仕事ではないので、続かないのかもしれません。

そうやって転職を繰り返すうちに、経験が積めずに、結果的に収入が下がってしまったのかもしれません。

そして、奥さんに「本当はこの仕事を嫌でやっているんだ」と打ち明けられず、仕方なく副業で稼ごうと頑張ってしまっているのかもしれません。

本当は、その副業も自分に向いていなくて、辞めたいのに、ここでも「自分の本当に言いたいことを伝えられないで我慢する主人公」の前提は、しっかりと働き、やはりいつまで経っても言い出せないままです。

そして、寝る間も惜しんで副業に精を出し、昼間の本業で大失敗。

どんなに行動をしても、本当に目を向けるべきサインを見ないフリをし続け、本質からズレていくというわけです。

ですので、行動をしているつもりでも、前提は変わりません。

この事例の場合、「私は、いつも自分の本当に言いたいことを伝えられないで我慢する」という前提が働いていた、と気づくことで、はじめて別の前提に変えることができます。

自分の人生に、何度も表れる、独自の「うまくいかない前提」。

それは、人間関係の中に、確かなサインとして表れています。人生を好転させるには、この根本で起きていることを理解する必要があります。

うまくいかない前提を変えられない場合は、大きく2つの理由があります。①サインに気づけないから、②サインに気づいても見ないフリをしてしまうから、です。

◎サインに気づけない理由

人間関係の中で感じる違和感の扱い方に鍵があります。

違和感の多くは、「本音と建前のズレ」から生じます。

ズレとは、たとえば、建前は「いい人」のようにふるまっているけれども、本音は「〜〜したい」という気持ちを抑えている場合に生じます。

この抑えている気持ちを見過ごし、無視していると、何か違和感があっても、そのままにしてしまう癖がつき、本当に気づけなくなります。

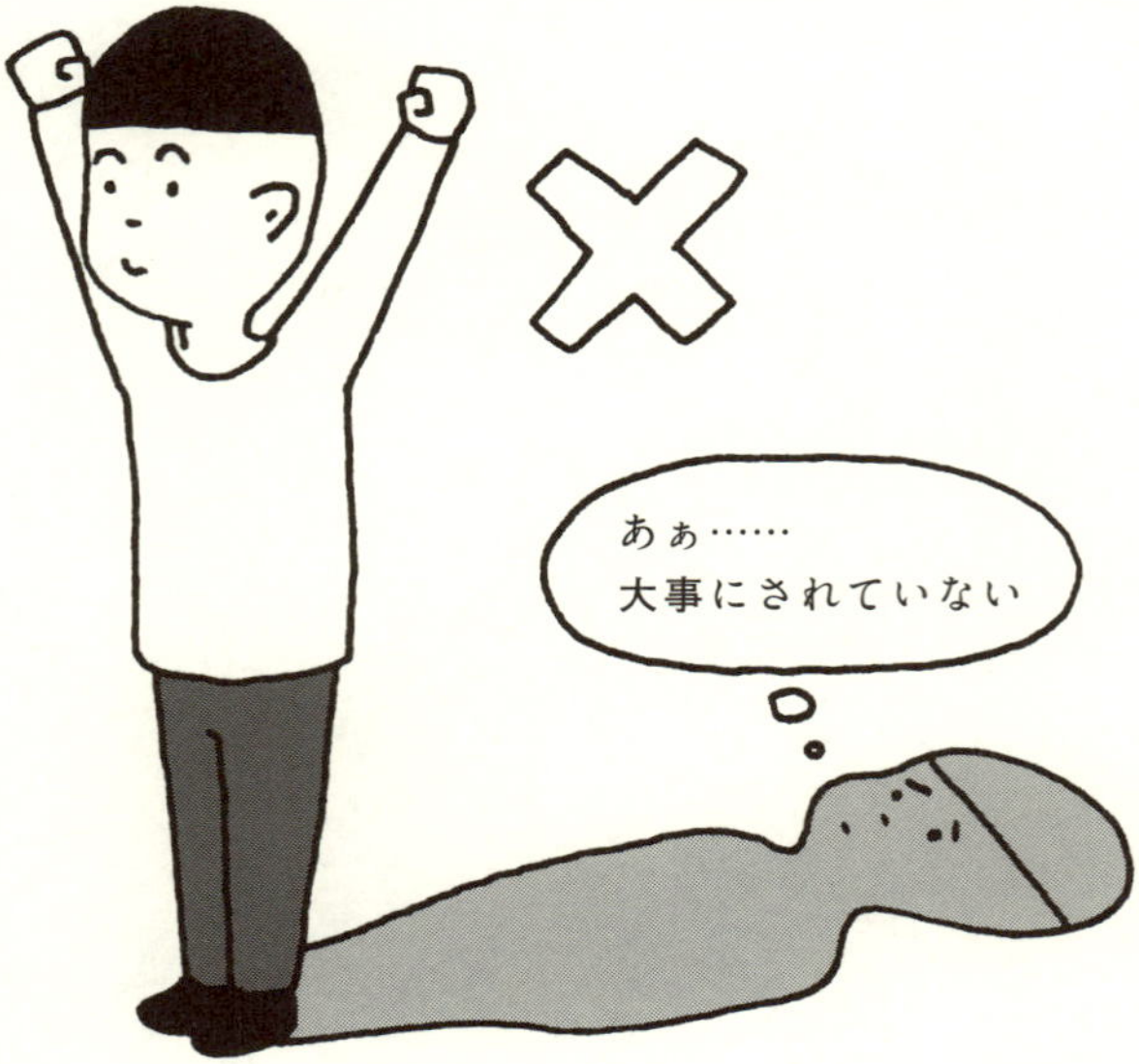

これは、自分の本音を粗末に扱っていることになり、やがて自信のなさ、自己信頼のなさに繋がります。

つまり、サインに気づけない人の根底には、自己肯定感の低さがあり、自分との関係性が築けていないのです。

◎気づいても見ないフリをしてしまう理由

これは、2つの理由が考えられます。

1つ目は、やはり、自信や自己信頼がないので、「相手に何か言っても無駄」「どうせ自分は尊重されない」という諦めの気持ちです。やはり、根底には、自己肯

定感の低さがあり、自分との関係性が築けていないのです。

2つ目は、「相手に何を言っても無駄」「どうせ自分は尊重されない」のもう1つの側面である、相手への信頼がないことが理由です。コミュニケーションスキルの有無も関係してきます。これは、他者との関係が築けていない、といえます。

つまり、「自分との関係が築けないこと」と「他者との関係を築けないこと」、この2つが、うまくいかない前提を変えられない根本的な理由なのです。

ここまでをまとめてみると、

①うまくいかない前提の人生が続くのは、無自覚だから
②人間関係の中にサインが隠されているので、サインに気づけば、うまくいく前提に入れ替えることは可能
③ところが、サインにさえ気づけない、気づいたとしても見ないフリをしてしまうので、前提の入れ替えができない
④それは、「自分との関係が築けないこと」と「他者との関係を築けないこと」が根本的な理由。なので、解決するには「自分との関係を築く」「他者との関係を築く」ことをすればよい

つまり、根本にある④を、解決すれば、①～③が連動して一挙に解決します。その解決法について、第2章でお話しします。

①うまくいかない前提に無自覚

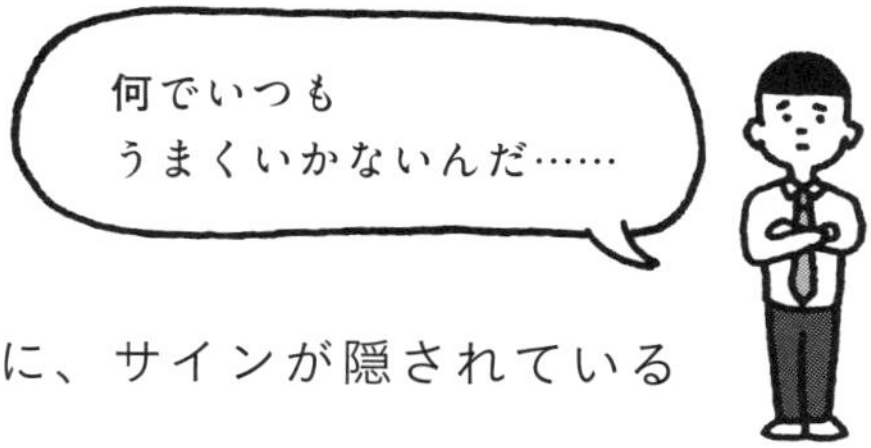
何でいつも
うまくいかないんだ……

②人間関係の中に、サインが隠されている

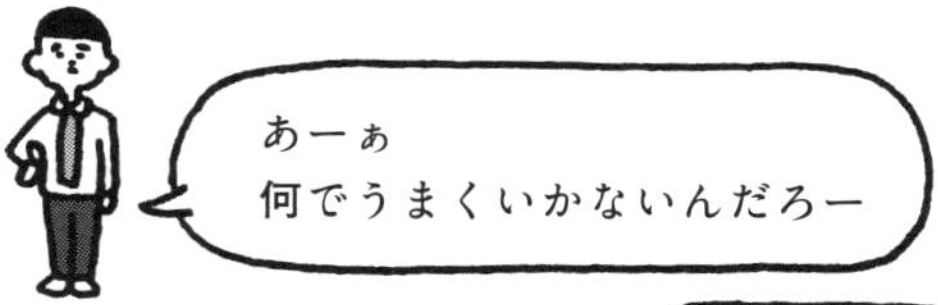
あーぁ
何でうまくいかないんだろー

③でも

・サインに気づけない

・サインに気づかないフリ

気づいてよ！
サイン
送ってるじゃない！
オーイ！
気づいてくれ！

④原因

・自分との関係が築けない

・他者との関係が築けない

ここを変えれば
うまくいく前提に
変わるんだ!!

第2章

メタ認知の上をいく「高次元メタ認知」

通常のメタ認知

1 メタ認知は人生を向上させる

第1章では、うまくいかないパターンの「前提」を変えれば、人生が望み通りに変化することをお話ししました。

では、そのために、具体的に何が必要なのでしょうか？

私は、最重要の鍵は「メタ認知能力」だと思っています。

メタ認知能力とは、アメリカの心理学者ジョン・H・フラベルによって用いられた言葉で、わかりやすく表現すると、自分をもう一人の自分が客観視して、コントロールできる能力です。

メタとは「高次な」「超」という意味があります。メタ認知は、高い視点で天井か

らもう一人の自分が、自分を見ているイメージです。

たとえば、「今、自分はどんな状態なのか」「今、自分はどのように思考しているのか」「今の自分の行動は、全体の中で適切なのか」など、自分の思考や行動そのものを、客観的に認識し、さらには周囲との関係性まで俯瞰《ふかん》できる能力です。

つまり、「自分」と「周囲」を俯瞰できる視点といえます。

メタ認知能力が高いと「自分」と「周囲」を俯瞰できるので、自分との関係を築き、他者との関係も築けるのです。

つまり、前提を変える鍵となる「自分との関係を築くこと」と「他者との関係を築くこと」が可能になるのです。

日本や世界で活躍する一流のサッカー選手の中には、フィールド全体の空間を、上空から俯瞰する「鳥の目」の視点を持つ選手がいます。さらに、優れた選手は、同時に個々の選手との細かい間合いを読むといわれます。

サッカーや野球などのチーム競技では、特に「監督が求めていることは何か」「相手の状態はどうか」「今の自分にできることは何か」「チームに今、どんな戦術が必要なのか」を客観視して、臨機応変に判断できる力を求められます。自分だけではなく、周囲との関係性まで、瞬間的に把握する力は、メタ認知能力が高いといえます。

また、優れた俳優は、演技しながらも、演技している自分を天井から客観視している感覚を持つ、ともいわれます。

自分と共演者、さらには演出家の視点まで俯瞰しながら、瞬間的に演技ができる俳優も、やはりメタ認知能力が高いといえるでしょう。

あなたも、メタ認知能力を高めると、仮にうまくいかないパターンがあっても、望む前提に変える方向に修正できるのです。

2／見せかけのプラス思考はメタ認知能力が低い

メタ認知能力が高い人は、自分の現状を俯瞰できるので、「できていること、できていないこと」を、ニュートラルに認識できます。この両方を見渡せる視点があってこそ、どう修正するともっとよくなるのか、が認識できるのです。

一方、メタ認知能力が低い人は、客観視ができていないので、「できていること」「できていないこと」を認識できません。たとえば、収入を得ようとして、自分に合わない方法を選び続け、行動はしているのに結果が出ない、という状態に陥ります。この場合、まずは、自分がうまくいっていない現状を、きちんと受け入れる必要があります。

よく「見せかけのプラス思考」で、失敗しても何でもよい方向に解釈しようとしている人を見かけます。一見、前向きで、悪くないように思います。しかし、こういうタイプは、なぜか似たようなことを何度も違う場面で繰り返しがちです。

それは、うまくいっていない現状を受け入れていないからです。一番都合の悪い部分を見ないようにして「これは、きっとよいことが起きる兆候」とか「私は、結局うまくいく」「今度こそうまくいく」とプラスの言葉を唱えたところで、何も現実は変わらないでしょう。

まさに、その一番都合の悪い部分こそ、「うまくいかない前提」の部分なのですから。

自己啓発のセミナーや本に夢中になって、耳触りのよい「運をよくする方法」や「引き寄せの方法」に飛びつくのも、たいていこのタイプです。

どんなに「ありがとうございます」と感謝の言葉を唱えたところで、一番都合の悪い部分を見ないでいるのは、たとえるなら、DVDを入れ替えることなく、一生懸命、映し出される画面上のストーリーを変えようとしているようなものなのです。

つまり、「前提」を変えないまま、ただプラスに解釈しても、表面的なものに過ぎないのです。

いくら未来の映像をイメージしてワクワクしても、いくらプラスの言葉を一生懸命に唱えても、前提を変えない限り、根本的には一向に解決しません。

本当の意味のプラス思考とは、自分の現状をあるがままに受け入れ、そのうえで「未来はきっとよくなる」と自分を信頼し、そのために必要な選択や行動がとれるように、軌道修正できることだと思います。

3／メタ認知能力が低いと行動の質が下がる

メタ認知能力が低いと、こんなことが起きます。

たとえば、セミナーや本での学びで得た情報をどのように活かしてよいのか、わかりません。「いい話だな」で終わってしまいます。

なぜなら、そもそも、自分自身を客観視できていないので、「自分の現在の状況に何が必要なのかを見極められない」からです。

そのため、今の自分に必要な情報をキャッチできない、あるいは不要な情報に飛びついてしまうので、形式的に、言われたこと、書かれたことをやってはみるのですが、情報を自分の具体的な状況に当てはめられません。

具体的な事例を1つあげてみましょう。

パートナーシップをよくするセミナーが開催されていたとします。女性講師が、セミナーで「相手にありのままの自分の気持ちを伝えて、ありのままの姿を見せるようにしないと、魅力が伝わりません」と教えたとします。

さらに、講師が、普段どんなふうにパートナーに、一見わがままと思われるお願いをしているのか、などインパクトのあるエピソードが語られたとします。

メタ認知能力が低い女性が、受講生にいたとします。すると、このエピソードを表面的に受け取ります。

たとえば、今までその女性は、恋人の顔色をうかがって、言いたいことを我慢しているタイプだったとします。この女性は、きっと講師のエピソードに感銘を受けるでしょう。

「私がずっとしたかったことを、この講師の方がやっていて、しかも成功している！」

目から鱗が落ちた気持ちになり、セミナー受講後、早速、恋人に実践してみます。恋人にあまり会えないことを不満に思っていたその女性は、ＬＩＮＥで「何で会ってくれないの？　私は会いたい」と伝えます。

それでも返事がないので、続けざまに「連絡くれないと、不安になってしまう」などと、一方的に5通ほど送ります。

さて、この女性の恋愛はうまくいくでしょうか？

おそらく、相手の男性は逃げ出したくなるかもしれませんね。あるいは、すでに気持ちが冷めていて、距離を置いていたところに、一方的なＬＩＮＥのメッセージにすっかり嫌気がさし、ついに別れを切り出すかもしれません。

別れ話をされ、女性はビックリです。自分のありのままの気持ちを伝えたら、うまくいくどころか、否定された……。自分を責め、どうしていいのかわからなくなってしまいます。

これをお読みいただいている皆さんなら、「この女性の状況で、ありのままの気持ちの（と思い込んでいる）ＬＩＮＥを一方的に送るのは、逆効果だ」と思うはずです。これは、女性を客観視できているからです。この女性だって、他の人のことなら、「その状態で、一方的に気持ちを伝えるのは逆効果」と気づけると思います。

この客観視できる能力が「メタ認知能力」です。自分で自分を客観視できれば、同じセミナーを受けても、受け取る情報の質が変わってくるはずです。

一方、メタ認知能力が高い女性が同じセミナーを受けていたとしたら、何がどう違うのでしょうか。仮に、恋人と何らかの理由でうまくいっていない状況で、そのセミナーを受けたとします。

セミナー講師が「自分のありのままの気持ちを伝えるとよい」と言った時に、こう質問するかもしれません。

「気持ちを伝える時、相手に対して、どんな前提を持っていますか？」

すると、セミナー講師は「そうですね。相手は自分を受け入れてくれる、と信頼する気持ちですね」と答えるかもしれません。

この答えを聞くと、メタ認知能力の高い女性は「その信頼の気持ちを、普段、相手に伝えていますか？　伝えるとしたら、どんなふうにですか？」と質問できます。

すると、講師は「そうですね。小さなことでもいつもお礼を伝えるし、あなたのおかげで、どんなに私がいつも幸せな気持ちでいられるのか、マメに伝えています」と答えるかもしれません。

メタ認知能力の高い女性は、この答えを聞いて「そうか。私に足りないのは、普段からマメに、相手のおかげで幸せ、と伝えることかもしれない」と気づくのです。

そこで、講師に「私は今まで、相手に、そういう感謝の気持ちをまったく伝えていませんでした。そういえば、相手に〝何を考えているのかわからない〟と言われたこともありました。私としては、言わなくてもわかると思っていたのです。この状態で、相手に、私は〜〜してほしい、と伝えるのはどう思われますか？」と質問します。

講師は「私だったら、その状態では伝えませんね。まずは、相手を観察して、相手が私にしてくれることを見逃さないようにすることから始めます。もし気づけたら、相手がどんなに私の幸せをサポートしてくれているのか、きちんと言葉で伝えるようにします」と教えてくれるかもしれません。

そこで、女性は、「自分の現在地」を正確に把握します。

「相手にしてほしいことを、ありのままで伝える前に、まず普段から土台を築いておく必要がある。それをまだ自分はできていなかった。まず、それをやってみよう。そして、信頼関係ができてから、素直に自分の気持ちを、ありのままに伝えてみよう」というふうに、自分がとるべき行動を段階的に把握するのです。

メタ認知能力が高いと、この事例のように、情報を自分の状態に応じて、適切に転換することができます。

こうしてみると、メタ認知能力が高いほど、人生がうまくいく気がしませんか？

実際、その通りなのです。

メタ認知能力を高くしていくと、赤字続きの自営の人なら「売り上げを上げる方法」がわかるし、成績の悪い営業マンが成績を上げることもできます。

上司が、言うことを聞かない部下に困っていたとしても、マネージメントができるようになります。上司のパワハラに悩んでいたとしても、改善可能です。

パートナーとの関係に悩んでいたとしても、事例のように改善できます。

やりたいことがわからなくて自分の存在価値を見いだせなかった人も、自分自身を理解し、その自分に必要な情報を集められるようになるので、時間はかかっても、自分らしい人生を生きられるようになります。

メタ認知によって、自分が今、どんな状況にあるのか客観視できれば、うまくいく方向へ軌道修正ができるのです。

4
誰も教えてくれなかった　メタ認知能力を高める方法

メタ認知能力が、現状を変える鍵を握ることは確かなのですが、「自分を客観視できる力」と言われても、実は曖昧です。

多くの方は「そうは言っても、その自分を客観視すること自体が、なかなかできないんだよ」と思われるはずです。

言葉の意味はわかっても、具体的でないので、イメージしきれないからだと思います。

どんなに変わりたい！　よくなりたい！と思っても、具体的に「何に対して」「どうすればよいのか」が理解できないと、何をしていいのかわからず、行動を変えることはできません。

うまくいく人

あ！
新しいパン屋ができて
行列ができている
メロンパン専門店は
なぜ人気なのだろうか!?
調査してみよう

うまくいかない人

おいしいのに
赤字だ
HPも作ったのに
たくさん
種類を
作っているのに
看板も新しく
したのに
パン

逆に言うと、「何に対して」「どうすればよいのか」さえわかると、行動ができるということですよね。

そこで、私は「客観視する」を細分化して、それぞれの質を高めれば、連動してメタ認知能力を高くできるはずだと考えました。「何に対して」「どうすればよいのか」まで分解できればよいのです。

早速、「何に対して」の部分をお伝えしましょう。メタ認知能力を高くするには、2つの要素に分けて考える必要があります。それは、「自分との関係性のメタ認知」と「他者との関係性のメタ認知」です。第1章の後のコラムや第2章の冒頭で説明したように、前提を変えるには、「自分との関係を築くこと」と「他者との関係を築くこと」が鍵でしたよね。実はこれと一致するのです。

◎「何に対して」…2つの要素

1.「自分との関係性のメタ認知」

自分自身のメタ認知能力が高くなると、俯瞰して自分を見ることができるので、「成長している自分」を認めることができます。そして、自分に自信を持ち、自分を信頼できるので、未来でうまくいく自分も信じられるのです。結果、自分との関係を築けます。

2.「他者との関係性のメタ認知」

他者との関係性のメタ認知能力が高くなると、自分と他者との関わりをよくする行動がわかるので、「自分と他者を調和させていく」ことができます。そして、他者を信頼できるようになるので、互いに信頼しあいながら、成長していきます。結果、他者（周囲）との関係を築けます。

「何に対して」は、「自分との関係性のメタ認知」と「他者との関係性のメタ認知」

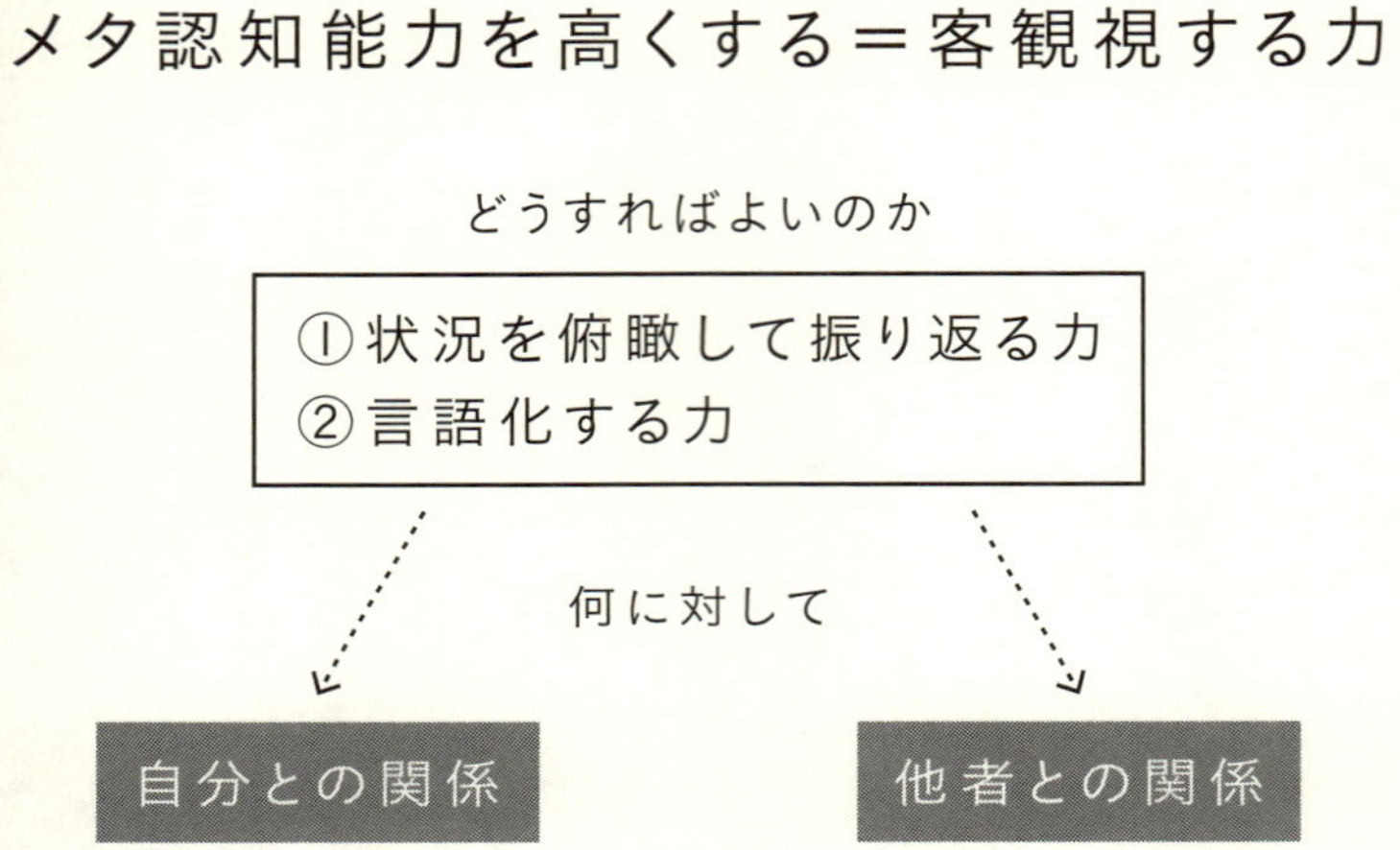

の2つの側面でした。

さて、次は、この2つに対して「どうすればよいのか」をお伝えします。

それは、「振り返る」と「言語化する」の2つです。

◎「どうすればよいのか」…2つの能力

1．「振り返る」

振り返る行為を通して、自分や状況を客観視する訓練ができますし、その時は見えていなかったことも、後から冷静に捉えることが可能になります。これを「習慣化」することで、自然とメタ認知能力が高くなります。

2.「言語化する」

言語化する対象は、自分の思考や感情、感覚です。言語化によって、自分の心、頭の中が「見える化」します。見える化すると、今まで何となくやっていた選択や行動を意識に上げることができるので、コントロールしやすくなります。

前提をなかなか変えられない理由の1つが、ほぼ無自覚にうまくいかない前提が働いていて、変える対象を意識化できていないからでした。

心や頭の中を見える化できると、今まで無自覚にとっていた「うまくいかない選択肢」を意識化でき、逆の「うまくいく選択肢」を意識化できるようになります。今までとは違う選択肢が認知できるというわけです。

そうすると、選択肢が2つ以上あると認識できるので、今までとは違う「うまくいく選択肢」をとる確率が高くなります。言語化によって、望む未来に向けて、軌道修正できる範囲が広くなるのです。

私は、この2つの力を身につける方法として、「The 10-Second Change」という、たった10秒のワークを提案しています。もとは偶然に生まれたものですが、メタ認知能力

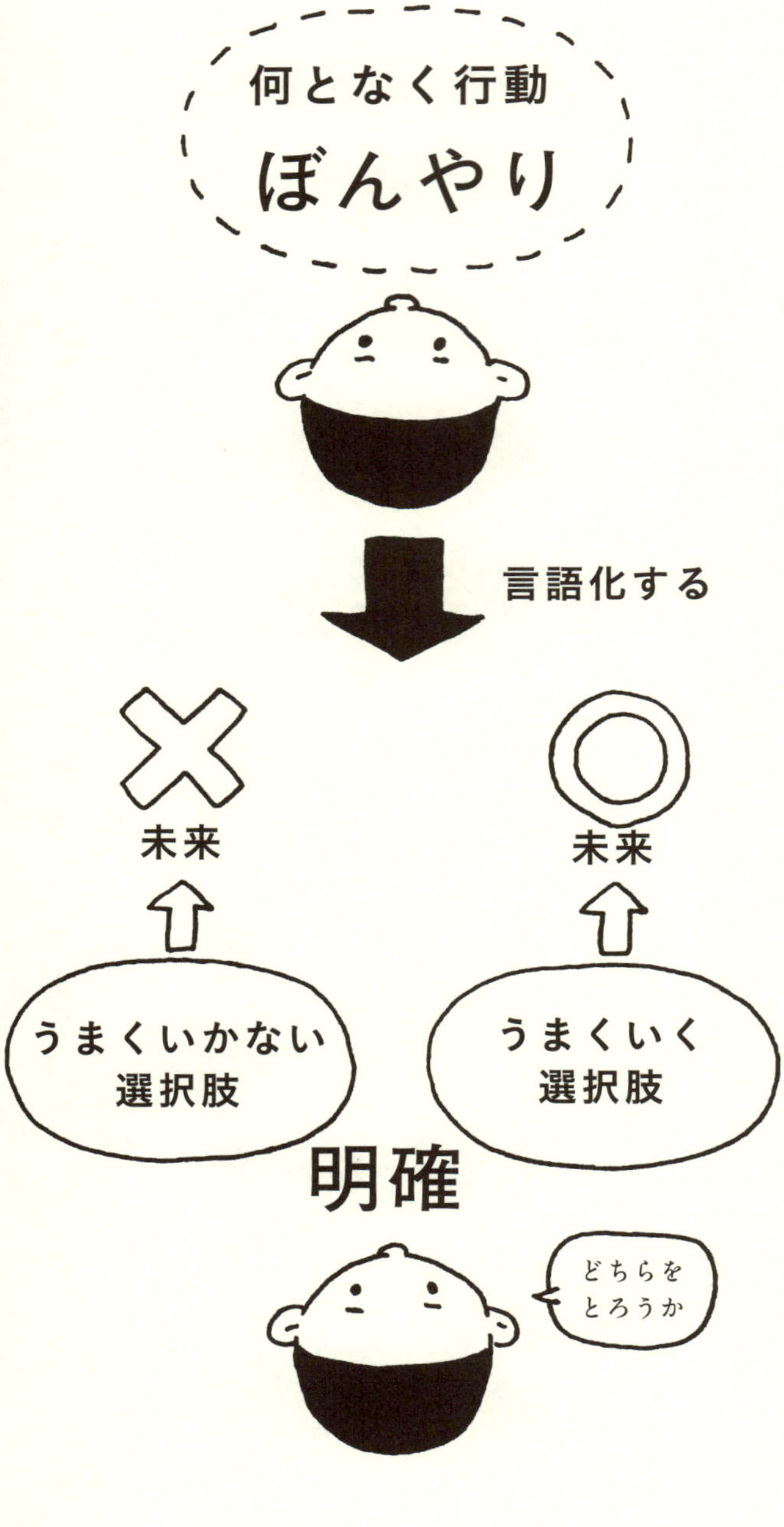
何となく行動
ぼんやり
言語化する
未来
未来
うまくいかない
選択肢
うまくいく
選択肢
明確
どちらを
とろうか

を高くする方法にもなっていることに、ある時、気づいたのです。

この「The 10-Second Change」、10秒ワークについては第3章以降で、詳しく説明します。

まとめると、メタ認知能力を高くするには、客観視する力をつける必要があります。客観視する力をつけるためには、2つの要素に対して、2つの力をつけることを提案しています。

5 メタ認知の上をいく「高次元メタ認知」

メタ認知能力とは、上空から俯瞰する「鳥の目」のように、モノゴトを客観視できる力のことでしたね。メタ認知能力を高めていくということは、あたかも鳥になって地面を見下ろすように、視点をどんどん上げていくこと、とも言いかえられます。

この「鳥の目」で見ている対象こそ、先ほどの「何に対して」の部分にあたります。

「何に対して」とは、「自分との関係性」「他者との関係性」の2つの要素に対して、でしたね。これをイメージしやすいように、「次元」という言葉を使って説明していきたいと思います。

私たちが生きている世界は、縦・横・高さのある3次元の世界といわれています。とするならば、この世界の中で見えていることは、「3次元的メタ認知」で見ている世界、と表現できます。

では、3次元的メタ認知で世界を見ていた人が、「自分との関係性」に対して、メタ認知能力をさらに高めると、どのような見え方になるのでしょうか。

メタ認知能力が高められたら、次元が1つ上がるという意味では、造語ですが「4次元的メタ認知」で世界が見える、と表現できます。

一般に、4次元とは、縦・横・高さに「時間」を加えたものですが、私のイメージする「4次元的メタ認知」も、今まで見えていた世界に「時間軸」を加えたものです。

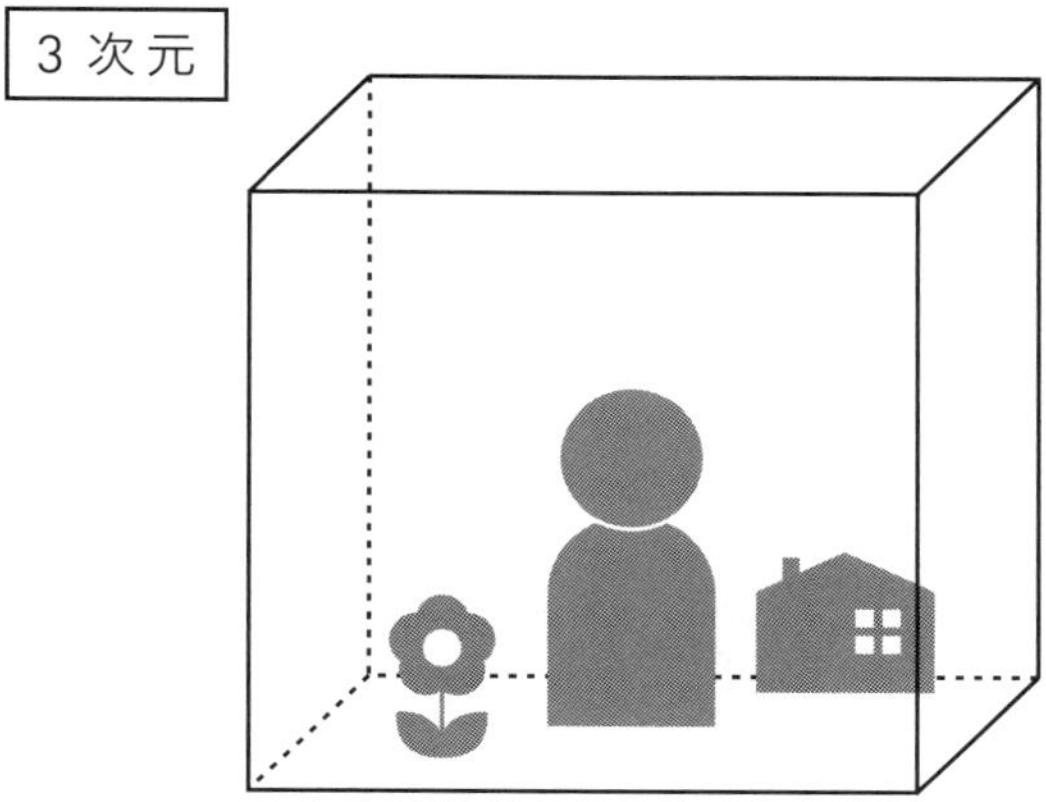

今いる世界

4次元的メタ認知で世界が見えている人が、今度は「他者との関係性のメタ認知」に対して、さらにメタ認知能力を高めると、どういう見えかたになるのでしょうか。

次元が1つ上がるという意味で、造語ですが「5次元的メタ認知」で世界が見える、と表現できます。

私は、5次元的メタ認知とは「空間（場）に調和する新しい人間関係をつくる」観点と捉えています。

他者との関係において、メタ認知を高くして、今までとは違う新しい、調和の関係性の空間を見下ろすイメージです。

私が体系化したメタ認知は、今までの一般

的なメタ認知の状態（3次元的メタ認知）をさらに上からメタ認知（4次元的メタ認知、5次元的メタ認知）しますので、「高次元メタ認知」（以後、略して「高次元メタ力」とします）と表現しています。

この4次元的メタ認知、5次元的メタ認知について、次項で詳しく説明します。

4次元的メタ認知

1 うまくいく人は皆やっている「時間軸を伸ばすメタ認知」

ここからは、4次元的メタ認知について、詳しくお話ししていきます。

うまくいかないパターンが繰り返されるのは、自分がうまくいくという前提がないからです。だから、人に自分の本音を伝えることを諦めてしまったり、人によっては密かに「無力感」を抱いてしまいます。自分が何を望んでいるのかさえ、わからなく

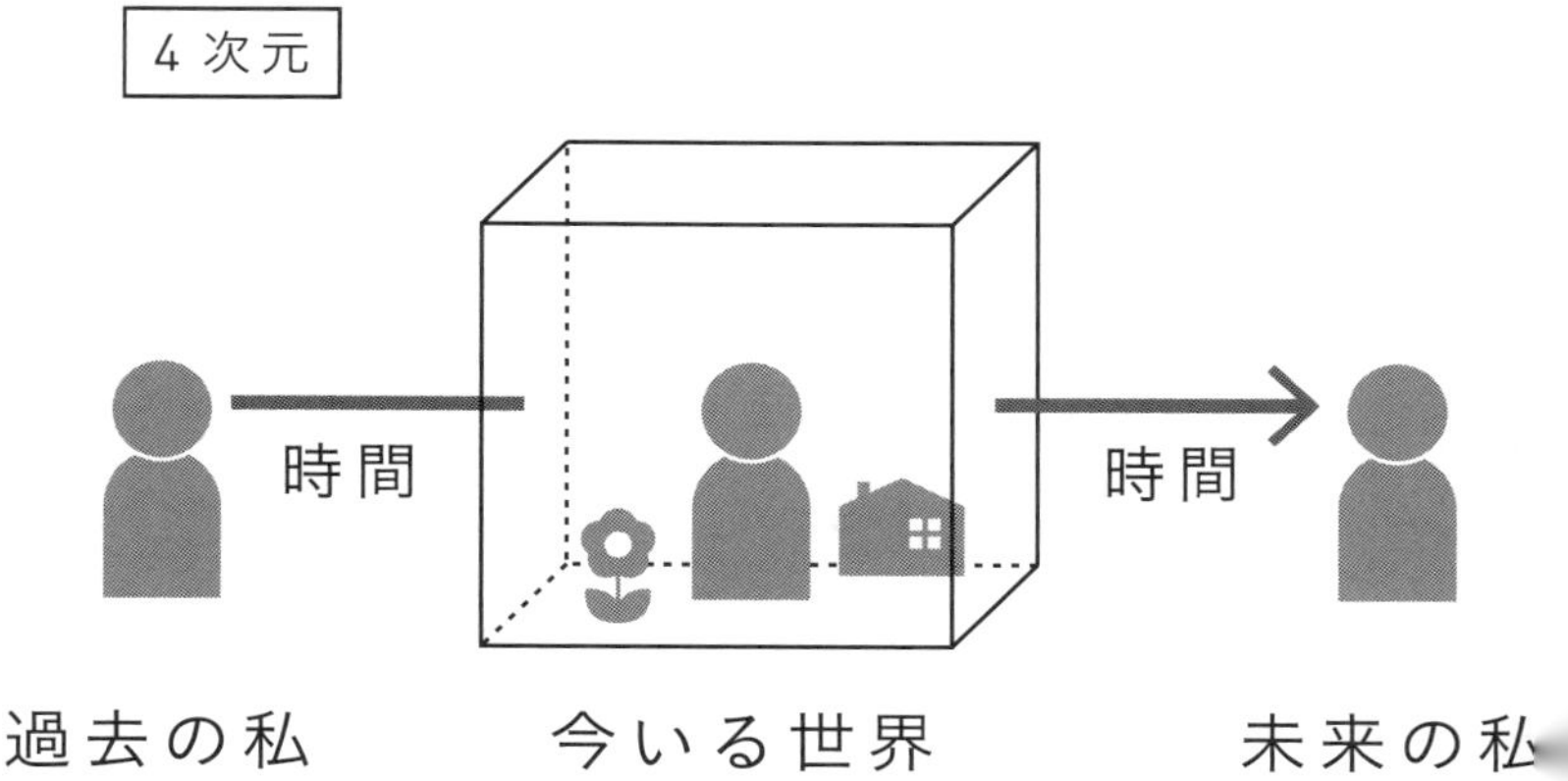
4次元
時間
時間
過去の私
今いる世界
未来の私

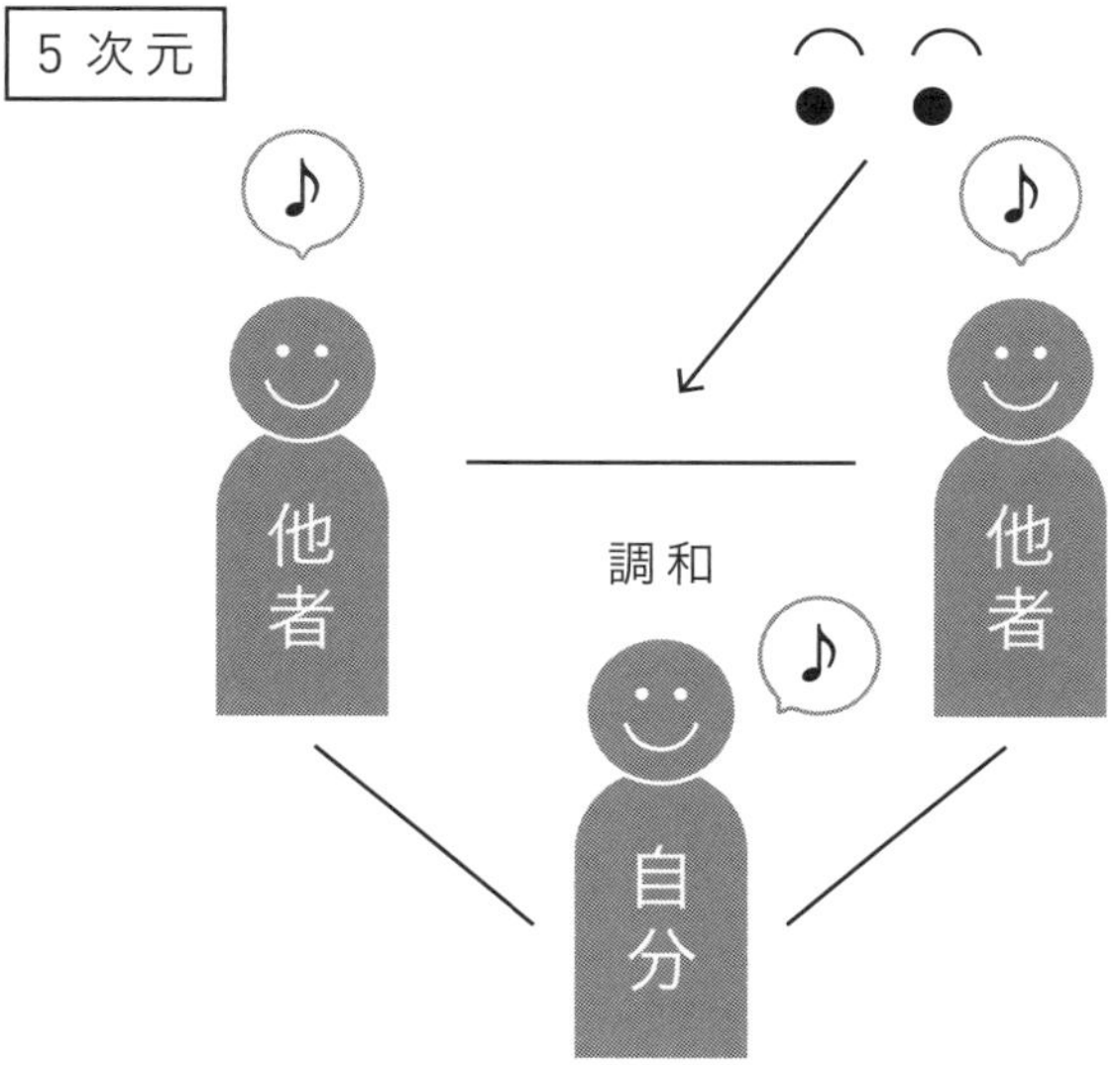
5次元
他者
調和
他者
自分

なることもあります。そして、自信が持てなくなります。

これは、自分で自分を認めていない状態といえます。では、一体どうやって、「うまくいく自分」に前提を変えることができるのでしょうか。

私は、その鍵は「時間軸を伸ばす」ことだと思っています。

「うまくいかない自分」の前提でいると、自信がなくなりますし、価値がないと思ってしまいます。これは、自分がうまくいくこと、つまり「自分が今より成長すること」を信じていない、ということです。

しかし、「自分が今より成長すること」を信じられないということは、実は幻想です。

ちょっと想像をしてほしいのです。生まれてすぐの赤ちゃんは、言葉を話せませんし、自由に行動することができません。でも、何年か経つと、言葉を話し、意思を持ち、その意思にそって行動を選択することができるようになります。

皆さんも、そうですよね。今のあなたは、赤ちゃんの時のあなたより、明らかに知識が増え、選択の幅が増え、行動できるようになったことが増えているはずです。

イメージするために、次の質問を考えてみてください。

- 今のあなたが、0歳の時より、増えた知識を3つ挙げてみてください。
- 今のあなたが、0歳の時より、選択の幅が増えたことを3つ挙げてみてください。
- 今のあなたが、0歳の時より、行動できるようになったことを3つ挙げてみてください。

どうでしょうか。

間違いなく、皆さんは、「0歳の時より、ずいぶんと成長したな」と思えるはずです。

なぜ、そう思えるのでしょうか？　当たり前のようで、ここがとても重要なのです。

0歳の時のあなたより、今のあなたの方が、成長したと認識できたのは「時間の幅」で自分を認識したからです。あなたが今、35歳だとします。すると、0歳の時から今の自分までの35年分の「時間軸を伸ばして」考えたはずです。

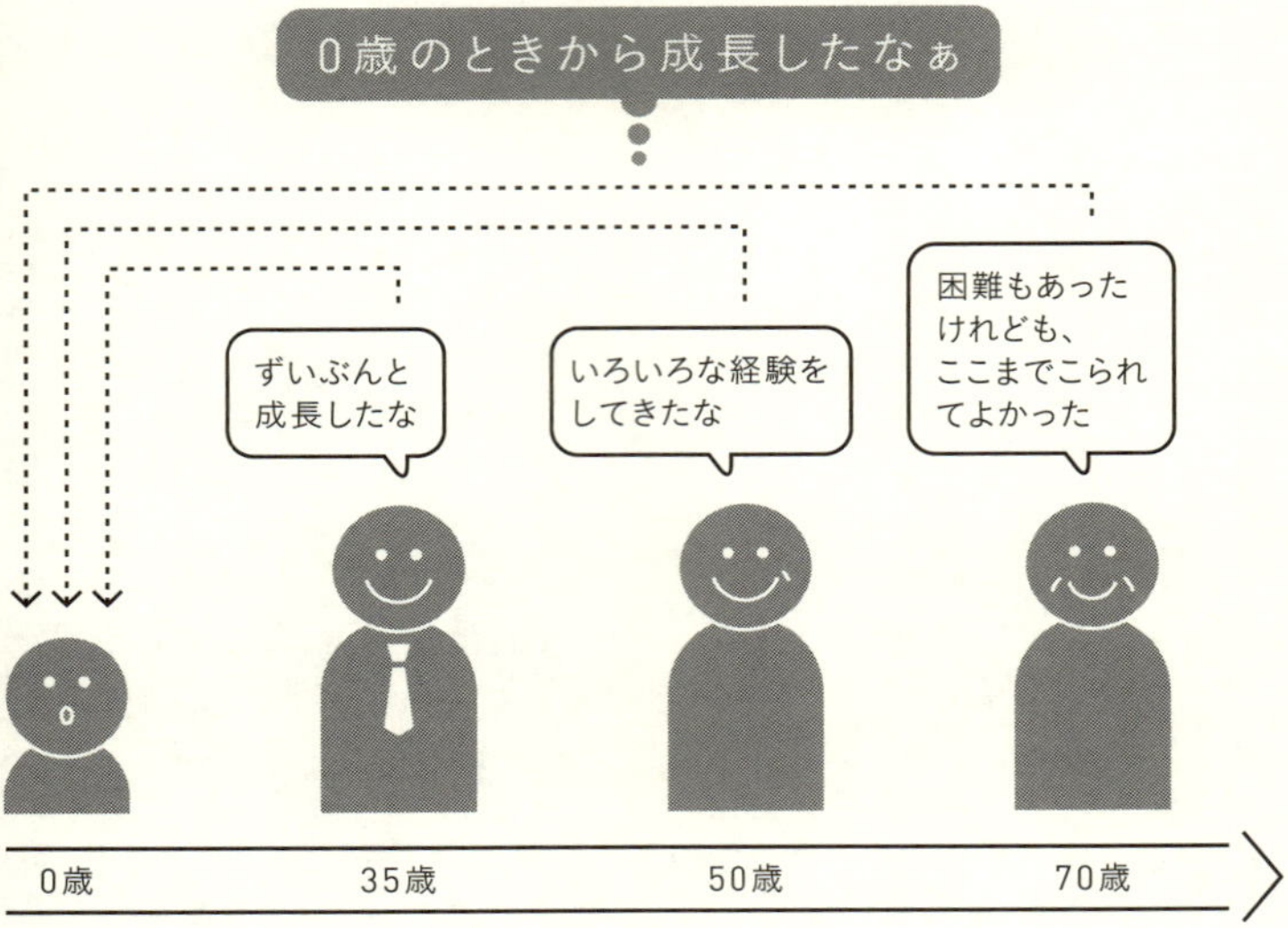

0歳のときから成長したなぁ
ずいぶんと
成長したな
いろいろな経験を
してきたな
困難もあった
けれども、
ここまでこられ
てよかった
0歳
35歳
50歳
70歳

あなたが、40歳なら40年分の時間軸、45歳なら45年分の時間軸を伸ばして考えたはずです。

バカバカしい！　そんなの当たり前、と思いますか？

実は、私は延べ4000人を超える個人コンサルをしていて、うまくいく人と、うまくいかない人の決定的な違いに気づきました。

それこそが「時間軸を伸ばして考えられるかどうか」なのです。

2／「点」で捉えるか「線」で捉えるかで結果に差が出る

うまくいかない人の共通点は、「自分が少しでも成長していること」を認めない点にあります。口では「自分の成長を認めています」と言っていたとしても、本心では思っていません。そして、できていないこと、失敗したことに必要以上に意識を向けるのです。できていることもあるのに、決してそこに意識を向けることはしません。

しかも、ほぼ無意識にクセのようにそうしています。自分にダメ出しして、自己否定していますし、自分を信頼していません。

これは、うまくいかない人は、「今この瞬間のダメな自分」にしか意識を向けていないからなのです。未来の理想と比較して「今、できていない自分」に意識を向ける、あるいは誰かと比較して「今、できていない自分」に意識を向けているのです。

これは「点」だけでモノを見ている、といえます。

高次元メタ力が高い人は「できていること、できていないこと」をニュートラルに認識します。どちらかにフォーカスし過ぎずに客観視するので、どう修正するともっとよくなるのか、も認識できるのです。

なぜそんなマインドでいられるかというと、「成長する自分」を信じているからです。では、なぜ信じられるかというと、時間の幅で「今の自分」を考え、「少しでも成長している自分」「成長しようとしている自分」を認めているからです。

これは「線」で繋げてモノを見ている、と言えます。

たとえば、仮にパソコンが苦手で、仕事での作業が遅いという状態があったとします。うまくいかない人は「ほんと自分ってダメだな」と、今この瞬間の「できない自分」に意識を向け、自分を責めてしまいます。このクセは、他のことでも同様に作用します。当然、うまくいかない前提のままなのは、想像できると思います。

一方、うまくいく人は、「パソコンは苦手だけど、3ケ月前よりも、知識が増えたよな」と、時間軸を伸ばして、「線」で考えるのです。すると「じゃあ、今より自分はパソコンが上達するだろうな」と思え、今度は未来にまで「線」を伸ばすこともできるのです。すると、明日や明後日、1週間後も、この「線」に沿った選択をしていきます。たとえば、自分のレベルに合ったパソコン教室の情報が入ってきたので見学に行く、パソコンが得意な人にコツを聞いてみる、など「今より成長できる自分の未来」を選択するのです。そして、望む結果を得るのです。

「点」で考える、「線」で考えるは、時間軸の長さをどう捉えるか、の違いです。そして、両者は、さらに差が出る場面が多々あります。

たとえば、自営業の人がいて、最近売り上げが急に下がってしまったとします。「点」で考えてしまう場合、早く売り上げを上げよう、結果を出そうと焦り、目先の利益を上げる方法に飛びついてしまいます。「今、売り上げが落ちている状態」を一刻も早く変えたい、と思うからです。でも、どの方法も対症療法的になり、一時的に少し売り上げが上がっても、すぐに下がり、一貫性がありません。その結果、1年後には廃業してしまうかもしれません。

「点」で捉えると、自分の現状を正確に認知できないので、的確な行動を選択できないのです。これは高次元メタ力が低いといえます。

一方、「線」で考えることができると、焦りません。なぜ売り上げが急に下がったのか、周辺の情報を集め、分析することから始めます。すると、自分が気づいていなかった兆候に気づけ、自分の弱点を冷静に把握できます。その弱点を克服するために、長期的戦略と短期的戦略の両方を、自分の状況に応じて、組み合わせていくことができます。そして、多少、時間がかかっても、1年後には確実に、売り上げを上げることが可能になります。

「線」で捉えると、自分の現状を正確に認知できるので、「うまくいく未来」に向けて、軌道修正ができるのです。こういう方は高次元メタ力が高いといえます。

時間軸を伸ばして自分をメタ認知することで、うまくいく未来を選択できます。これが、4次元的メタ認知です。

鍵は「過去」をどう扱うかです。この点については、第5章の10秒ワークのやり方で、詳しく解説します。

5次元的メタ認知

1／「高い視点」で周囲の人と調和する空間

4次元的メタ認知で、時間軸を伸ばして自己信頼、自己肯定の気持ちが育つと、人間関係を良好にする準備ができます。自己信頼、自己肯定の気持ちがあると、心の奥に隠された感情を認め、そのうえで「今より成長する未来」のために選択を変える気になれるからです。

たとえば、相手に対して言いたいことを我慢したり、どうせわかってくれないという無力感が前提のコミュニケーションをしている人が、自己信頼、自己肯定の気持ちが育つと、「うまくいく前提で取り組んでみよう」と思えるようになります。状況を違う角度で見られるので、コミュニケーションが変わっていきます。

「自分はどうせ無理」「自分はうまくいかない」という前提から卒業できる準備が整

うというわけです。

そして、今までとは違う、新しい「調和のとれた人間関係」を実現させていきます。これはとても重要で自然と幸福度を上げていくことにも繋がるのです。なぜでしょうか？

実は、ほとんどの人の願いや悩みは、人間関係に関わるものです。ですから、人間関係が改善されると、ストレスが減り、自然と幸福度が上がります。

上司との関係、部下との関係、パートナーとの関係、親との関係、姑との関係など、明らかに人間関係ですよね。

さらに、多くの人の関心事である「お金のテーマ」も、実は人間関係が大いに影響しています。たとえば、収入アップしようと思っている場合、自営業は人とのご縁が関係するのはわかると思います。

でも、会社員でも同じです。取引先とのコミュニケーション、自分を理解してくれる上司、自分をサポートしてくれる部下や同僚、あるいは仕事をする自分を支えてくれる安定した家庭環境などなど……人との良質な関係性なくして、収入アップや会社での地位向上はないとわかります。


「いえいえ、これは自分一人で取り組むものなので、他者は関係ないです」と思っている場合も、実は、高次元メタ力が低いゆえ、そう解釈しているだけの場合が多いです。

たとえば、弁護士という仕事は、軒弁といって、事務所を間借りして、自分が仕事をした分だけ、収入が入ってくるという形式があります。一見、個人プレーなので、「自分の担当しているケースだけ扱えばよい」と思っていたとしても、普段、自分を支えてくれる人の思い、自分を事務所に入れてくれたトップであるボス弁の気持ち、などをメタ認知で捉えられると、今までとは違った世界の見え方ができるようになります。


「こういう仕事の進め方をすると、事務所の運営にもっと貢献できるかもしれない」

「妻を安心させるために、もっと収入アップできる時間の使い方があるかもしれない」と、今までとは違う視点で、仕事の進め方を見直すことができるようになります。

すると、「どうやって、仕事を効率よくしながら、クライエントさんが満足する結果を出せるようになるのだろうか」と、周囲の人の仕事の進め方を観察するようになるかもしれません。

そうすることで、クライエント、ボス弁、家庭の人間関係が変化していきます。信頼しあえる良好な人間関係は、ストレスを減らし、幸福度を上げてくれます。

こんなふうに、1つでも違う視点を持ち始めると、他の場面でも気づきが多くなり、今までと同じ環境でも、まったく視点が変わっていきます。その結果、行動やコミュニケーションが変わります。

「半径1メートル以内の自分」だけではなく、「事務所全体、家庭全体の中の自分」というように、広く高い視点で、自分を取り巻く環境や空間（場所）を客観視できるようになります。そして、今までより調和のとれた新しい人間関係を築くには、どうしたらよいのか、新しい選択をできるようになります。

これが「5次元的メタ認知が高い状態」なのです。

自分にだけ意識を向けていると、いっぱいいっぱいになり、「忙しい忙しい」と感

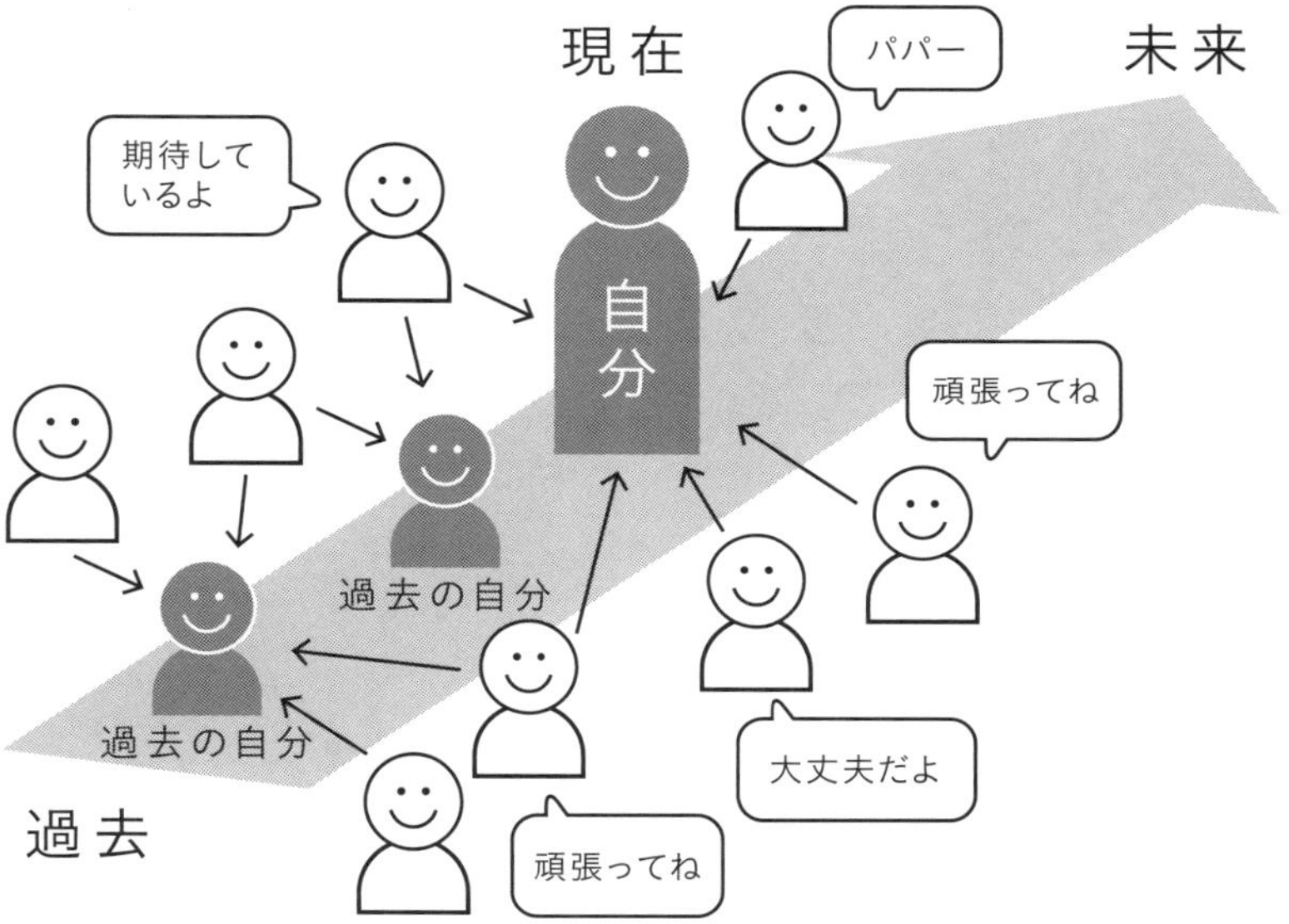

じるだけで、ここまで視野を広げることができません。

過去から現在までの時間軸で自分を肯定できると（4次元的メタ認知）、自分の成長を信頼できます。そして、自分を支えてくれている人の存在、自分を信じてくれる人の存在に気づけるだけで、「自分は大変だ」の世界から飛び出して、広く高い視野で俯瞰的に自分を見つめることができます（5次元的メタ認知）。

この状態になった時、今までよりも相手を理解できる視点があるので、自分が周囲の人と共に幸せになっていくにはどうしたらいいか？という基準で物事を考えられるようになり、選択や行動が変わっていくのです。

5次元的メタ認知とは、「空間（場所）の中に、自分も他者も認め合い、調和しながら、存在している世界観」で状況を俯瞰的に見る力なのです。

本当に高次元メタ力（4次元的メタ認知と5次元的メタ認知）が高くなれば「自分一人でできています」と言える状況など、何一つない、と気づけます。

2
5次元的メタ認知は「自分と相手を調和させる」

他者との関係において、メタ認知能力が高いというと、一般的には空気を読むこと、と解釈されるかもしれません。確かに、空気を読むには、周囲の状況、人の気持ちを理解する能力が必要です。

ところが、空気を読み過ぎると、自分の本音を抑えて相手に合わせることでストレスを抱え込み、本音がわからなくなってしまうという悪循環が起きてしまいます。犠牲的なコミュニケーションになってしまうからです。この状態では、自己肯定感も低くなってしまいます。

私が言う5次元的メタ認知は「空気を読むのか読まないのか」より、さらに上の視点である「調和の視点」から、空間（場所）の中にいる自分と相手を見ている状態です。

言い換えると、自分を抑えて、相手や周囲に迎合するのではなく、自分も相手もハッピーな状態はどういう状態か、と考えることができ、それにそった選択や行動ができる状態です。

「空気を読まない」といわれるタイプは、自己中心的で、自分にだけベクトルが向いている状態です。一方、自分を抑えて相手や周囲に合わせるのは、相手や周囲にだけベクトルが向いている状態です。

私が、人間関係について定義する5次元的メタ認知とは、自分の気持ちを尊重しながらも、他者も尊重する調和に向かうベクトルのことなのです。

5次元的メタ認知の向上には限界がありません。経験が増えると、視野が広がりますので、様々な視点から物事を考えることができるようになります。

①自己中心的パターン

②自分を抑えているパターン

③相手と自分を調和の視点で見下ろす

3

5次元的メタ認知能力が高いと、目的を見失わない

私は以前、新大阪から東京行きの新幹線に乗っていたとき、こんな光景を見ました。指定席の車両でしたが、私の斜め前方は3席になっていて、窓際の席に女性が座っていました。隣の2席は空いています。

その後、名古屋に着いた時、スーツ姿の男性2人組が乗ってきました。どうやら、その女性の隣の2つの席を予約しているようです。

ところが、男性二人はすぐに席には座らず、そのうちの一人の男性が、女性に何かを言っています。それに対して、女性は「え？」という感じで、意味が通じていないようです。それに対して、男性がさらに何かを言っていて、女性は「え？　何のことですか？」という感じで、繰り返しています。

「何事だろう？　男性の予約している席に、女性が間違って座っているのかな？」そう思いながら見ていたのですが、まさに女性もそう思ったようで、カバンからチケッ

トを取り出し「私の席はここで間違いないです」と主張しています。

傍から見ていると、男性は終始冷静、女性は少々感情的になっているようです。しばらく経って、真相がわかりました。女性は席を間違っているのではなく、自分の荷物を隣の席に置いていて、男性が座れなかったのです。それで、「その荷物を移動してほしい」と男性がお願いしていたようです。

その意味がわかったようで、女性は荷物を自分の膝の上に移動していましたが、「すみません」の一言もありませんでした。

男性は特に腹を立てる様子もなく、顔色を変えずに席に座りました。

この男性と女性ですが、言うまでもなく、5次元的メタ認知が高いのは、男性です。女性は隣の席に荷物を置いていることが「見えていない」ので、男性に対してずっと「私は悪くないです」と言わんばかりの態度でした。最後、自分が悪いとわかった時点でも、特に謝るわけでもなく、普通にしているあたり、自分の状況を客観視できていません。

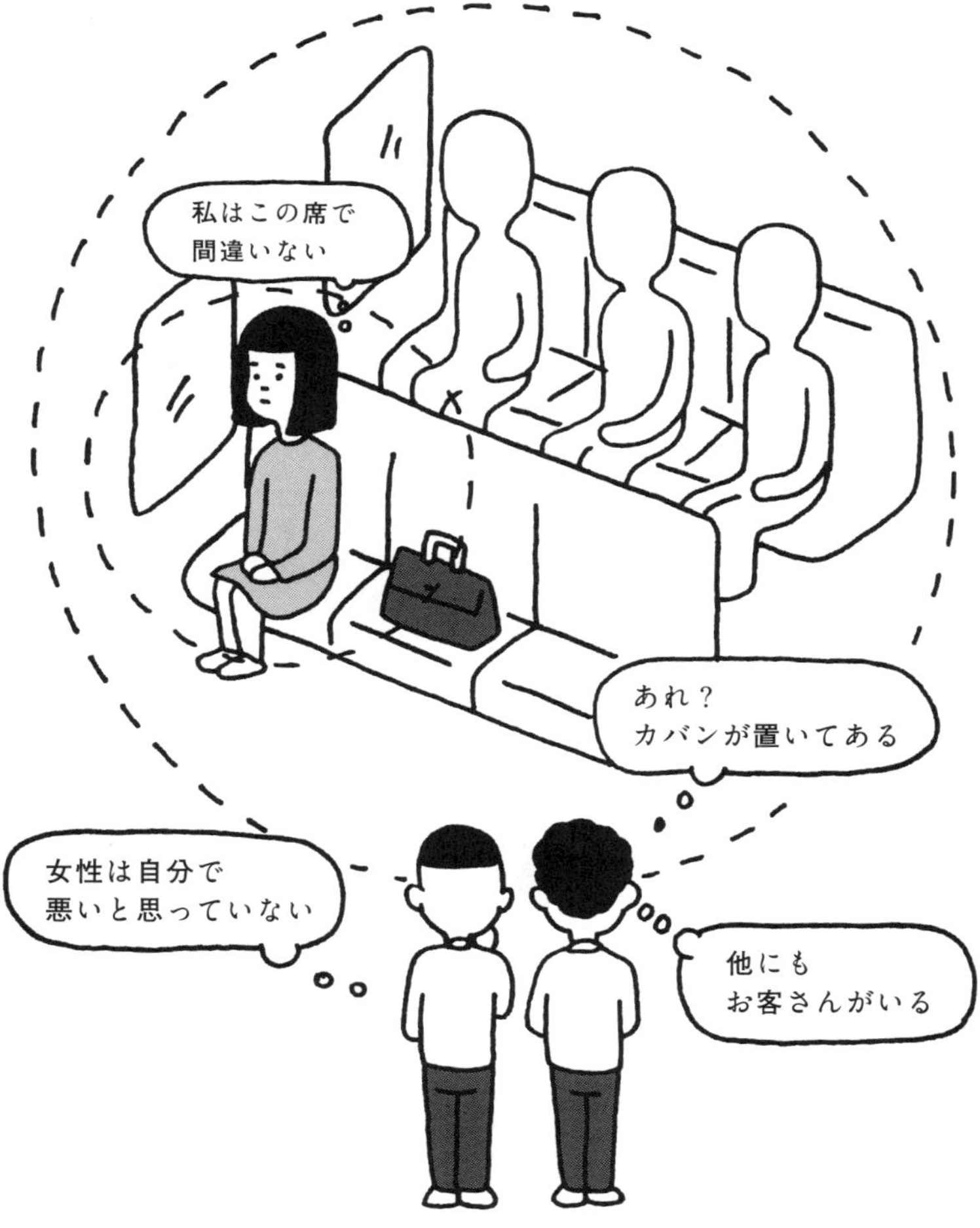
私はこの席で
間違いない
あれ？
カバンが置いてある
女性は自分で
悪いと思っていない
他にも
お客さんがいる

一方、男性は最初から状況を把握していて、冷静に対応していました。静かに「私は、その席をとっています」と伝えていたのだと思います。あまりにも女性に話が通じないので、最後は「その荷物があるので、私は座れません」という趣旨のことを言ったのだと思います。

その後、女性が謝らないことに対して、特に腹を立てるふうでもなく、何事もなかったようにしていました。

これは、女性よりも高い視点で、空間を把握しているからだと思います。

もし、男性が女性と同じレベルの視点だったなら、喧嘩になっていたかもしれません。

「それは、俺の席だ！」と怒鳴っていたりしたら……周囲の人に迷惑をかける自分の見苦しさを客観視できていないわけです。

この男性が冷静でいられた理由は、「あぁ、この女性は状況を把握できていないんだな」と理解していて、かつ、自分の目的も理解していたからです。目的は席に座ることですから、その目的が達せられれば、争う必要もないのでしょう。

メタ認知能力が低いと、相手と同じ土俵に立ってしまい、「オマエが悪い」「いや、私は悪くない」の言い争いになってしまいます。これでは、調和とはほど遠い人間関係です。

この男性は、相手より上の視点で広く空間を捉えているので、感情的にならずに、「座る」という目標を見失うことなく、達成しました。達成するために必要な言葉を伝え、相手を責めるような言葉はありませんでした。まさに、調和の空間を作り出したのです。

5次元的メタ認知の視点が低いと、本来の目的を見失い、場合によっては、別のことに感情を揺さぶられてしまうのです。

これでは、いつまで経っても目標は実現しにくくなり、周囲の言動にも左右されてしまいます。

本来の目的を見失う状態は、たとえるなら迷路の中で全体像を把握できず、同じ場所をグルグル回っている状態といえます。
一方、5次元的メタ認知が高いと、人のことを過度に気にせず、自分のやりたいことに必要な行動を見極め、人と調和していきます。またどこがゴールかわかっているので、仮に途中で失敗があったとしても、ゴールに向けて柔軟に軌道修正ができるようになります。

4 真の幸福度には繋がりが必要

人間関係を真に調和させるには、小手先のテクニックだけでは、なかなかうまくいきません。相手をコントロールするために、うわべだけの言葉や、小手先の行動をとっても、持続的な関係性は保ちにくいのです。相手が思い通りの反応をしているうちはよいのですが、そうでないと、「これだけしてやったのに」というストレスが増す場合もあります。

調和するには、相手を理解する必要があります。相手を理解すると、相手に対して違う視点が身につきます。すると、今まで葛藤を感じていた人間関係を解決する糸口が見えてきます。実際は、相手との関わりあいの中で、その糸口が見つかることが多いものです。どんなふうに、相手に伝わる言葉を使い、わかりあえるのか、という実践が必要になります。トライ＆エラーのプロセスの中で、さらに相手を理解する器が育ち、今まで気づけなかった選択もとれるようになります。自分の気持ちを相手に伝えることも、次第に上手になっていきます。

そして、相手と理解しあえることを体験していく中で、信頼しあえる関係を築くことができます。

ここまでくると、人の力を味方にでき、支えあう関係を通して、今までとは違う世界の見え方が身についていることでしょう。たとえ大きな願望であったとしても人からのサポートを得られるので実現しやすくなっていきます。人は繋がりの中で、互いの存在を認めあい、互いに分かちあい、役に立つことで、真の幸福を感じるものです。

真の幸福は他者を通してしか感じられないのです。

将来に漠然とした不安を持つ人は、実は「現在の人間関係が希薄なので、自分一人で未来を何とかしないといけない」という不安を抱えている場合が多いのです。人と支えあうというリアリティーがないので、無意識でその延長の未来を描いてしまっているのです。

したがって、5次元的メタ認知能力が高くなると、こんな効果が期待できます。

- 相手を理解する力がつく
- 自分と相手が調和するコミュニケーションがとれるので、人間関係のストレスが減る
- 人の力を味方につけられるので、願望が実現しやすくなる
- 人と信頼しあう関係が築け、繋がりの中で分かちあいができる
- 人間的な器が大きくなり成長できる
- 真の幸福を感じることが増える

5／子ども瞬間的にメタ認知能力を上げられる！

高次元メタ力を高くするには、自分との対話から始め、他者と調和する対話に進んでいくことをお話ししました。

時間がかかりそう、と思いましたか？

確かに、今は営業成績がよくないけれども、いずれはトップの成績になり、リーダー的な役割を担いたい、など大きな結果を出したい場合、それなりに時間はかかります。変化させる範囲が広くなると、踏むプロセスの数も増えていきます。

現時点でのメタ認知能力は、これまでの経験で人それぞれだと思いますが、能力を磨いていくと、人生のどのような場面でも、自在に応用できます。「体質改善」をするような気持ちで、丁寧に積み重ねていく気持ちでいた方が、結果的に確実に力をつけることができます。

しかし、私の考案する「10秒ワーク」をすると、小さな範囲を変えるためのメタ認知能力なら、瞬間的に身につけることもできます。

このワークの素晴らしいところは、子どもでもすぐにできるという点です。というより、子どもの方が早くコツをつかみ、驚くほど様々な能力を向上させていきます。

私は、日本の子どもの教育に、10秒ワークを取り入れることが、夢の1つでもあります。

第5章で、子どもの事例をいくつか挙げていますが、たとえば、朝起きられない子どもに10秒ワークをやってもらうと、たった1回で改善した例があります。

また、勉強に集中できなかった子どもが、10秒ワークを続ける中で、いつのまにか勉強の面白さに気づいた例もあります。

もちろん、大人でも大丈夫です。

同じく第5章で詳細な事例を解説しますが、50歳の大人が、たった1回、10秒ワークをしただけで、1週間後、突然ピアノが上達した例があります。

第6章で解説しますが、既婚女性で、今まで旦那さんに自分の気持ちを抑えていた方が、ワーク開始6日目にして、夫婦でわかりあえるという体験をした方もいます。
売り上げがなかなか上がらない、と悩んでいた経営者が、業界に対する見方を変えただけで、次の日から突然、お金の流れが変わり、大口の取引先候補からオファーが増えた、という事例もあります。

これらの事例は、すべて実話です。

次章以降は、4次元的メタ認知、5次元的メタ認知という高次元メタ力を、具体的に高くしていく方法を、事例と共にご紹介いたします。

言語化するとなぜメタ認知能力が高くなるのか

言語化することで、メタ認知能力が高くなった事例をご紹介します。
不安や悩みを感じている人は、案外、その不安や悩みを具体的に言語化できていない場合が多いです。悩みの多くは、言語化することで、解決への道筋が見えてきます。なぜなら、言語化することで、自分自身を振り返り、現状をメタ認知できるからです。

私のクライエントさんで、「自信がないと訴えるAさん」の事例です。
Aさんは、会社員です。もともと自信がないと自覚している方でしたが、意外に本番に強いタイプです。仕事の中で、やらざるを得ない難しい局面がやってきた時も、案外うまく立ち回れ、それが続いた時、一時期は「自分はできる！」というハイな状態になっていました。

ところが、ある時、家庭の中でちょっとした問題が起き、頭がいつもそのことでいっぱいになってしまうことがありました。すると、突然、今までうまくいっている、と思っていた仕事に、急に自信が持てなくなってしまいました。

そこで私に相談をしてきたのです。Aさんは「前まで、できる！という根拠のない自信があったのに、突然、できるのだろうか……という不安の方が大きくなってしまったのです」

私はすぐに原因がわかりました。次は、Aさんとのやり取りです。

私「Aさん、今〝根拠のない自信〟とおっしゃいましたよね。不安を感じる理由はそこですね」

A「え!?」

私「Aさん、以前までハイな状態になっていて、実際に仕事がうまくいっていましたよね。その時、なぜうまくいっていたのか、言語化できますか？」

A「え……と。何だかわからないけれども、うまくいっていたんです」

私「そこですよ。Aさんは〝根拠のない自信〟があった、とおっしゃいますが、違うのです。本当は根拠があるんです」

A「えええ!?」

私「少なくとも、お話をお聞きする限り、うまくいった出来事が、連続で4、5回ありましたよね。その時、なぜうまくいったのか、その都度、自己分析しないままにしていたのではないですか?」

A「はい。その通りです」

おわかりでしょうか。Aさんは、自分のうまくいくパターンを、その都度、振り返って言語化していなかったので、何が理由でうまくいったのかを「意識」できていなかったのです。

意識できないことは、なかったことになるので、「根拠のない自信」と表現してしまったのです。

でも、本当はうまくいく時の条件、自分がとった選択、行動、言葉、一緒にいる人のタイプなど、いくつかの要素が絡み合って「うまくいく」のです。

たった一度なら、まぐれかもしれませんが(それでも、私は言語化することで意識にのぼり、言語化しないよりも再現できる確率が高くなると思っています）、Ａさんの場合は、４、５回連続してうまくいっています。

何かしらの共通点があるはずなのです。そこを言語化しないで「根拠のない自信」で片づけてしまっていたので、再現性がないままになっていました。そこに、家庭内で問題が起きて気分が落ちてしまい、その出来事に引っ張られてしまっただけだったのです。

言語化すると、自分自身のうまくいくパターンをメタ認知できるので、問題が起きても、「この場面で、うまくいくパターンを再現するには、まず何をすればよいのか」と、置かれた状況を客観視できます。結果、気分が落ちていても、多少、体調が悪くても、自信がなくなるという状態にはならず、「うまくいくパターンに近づけるために、今できること」を選択し、行動に移せるのです。

言語化しながら振り返ることは、メタ認知能力を高くする効果的な方法なのです。

第3章

たった10秒で人生の選択が変わる！

1

面倒くさがりで三日坊主でも続けたくなる「10秒ワーク」

さて、いよいよ、人生の選択を変えてしまう「The10-Second Change」という、たった10秒の画期的なワークについて、解説していきます。

10秒ワークの内容を一言で表現するなら、「過去の自分に対して、現在の自分が、情報を教えるワーク」です。これだけです。

シンプルですが、実はかなり奥が深いのです。順に詳しく説明していきます。

この10秒ワークは、シンプルでありながら、続けることで信じられない効果が得られます。自然と「振り返る力」と「言語化する力」が身につくので、高次元メタ力が確実に上がります。

ポイントは「続けること」です。続けなければ、残念ながらまったく効果がありません。

でも、安心してください。このワークは「続けたくなるワーク」なのです。

私自身は、2007年4月から、1日も欠かさず、やり続けています。この本を執筆している2016年8月現在、既に10年目に入っています！

ちなみに私は、基本的に面倒くさがりですし、何か始めても三日坊主どころか3日も続かないことが、今までの人生に何度もありました。学生時代は、勉強をコツコツやるのが、ものすごく苦手で、「継続は力なり」とは正反対の「一夜漬け」だけで、何とかやってきたタイプです。コツコツということを、そもそもやったことがないのです。

「いかに楽して、要領よく結果を出すか」ということばかり考えているタイプでしたので、暗記術にも興味がありました。

また、健康のためにストレッチをしよう、ジョギングしようと思っても、恥ずかしながら続いたためしがありません。

その私が、1つのことを10年も続けるなんて、本当にありえない話で、我ながら驚いています。その理由は簡単で、「続けたくなるから」なのです。

後述しますが、最初の半年間ほどは、毎日１００回くらい、自然にやっていました。10秒と言っていますが、慣れると数秒ですので、歩きながら、歯を磨きながら、ベッドに寝ころびながら、いつでもどこでもできます。

ですので、１００回といっても、大変ではありませんでした（もっとも、１００回もやる必要はありません。当時の私は、それほど不安が大きかったということです）。

どんなことも、最初のスタートがスムーズかどうかが、その後の未来を決定づけます。三日坊主という言葉があるのも、最初の流れをつくるのが、どれほど大変かを物語っています。でも、一度「やり続けることで安心を得られる」と実感できると、続けられない理由がなくなります。

やりたいからやる。やると安心できるからやる。
ただそれだけのシンプルなことなのです。
きっと、この先の人生も、私は１日も欠かさずやり続けると思います。

2／崖っぷちの中から生まれた「10秒ワーク」

ところで、なぜこのワークを思いついたのか、についてお話しします。実は、「崖っぷちで切羽つまっていたので、そうせざるを得なかった」というのが、正直なところです。

拙著『世界に1つ あなただけの「魔法の言葉」』（フォレスト出版）に詳細を書いていますが、もともと私は法律家を目指していました。しかし、ロースクール卒業時、ニセモノの願いを叶えようとしていたことを受け入れ、自分の人生を振り返り、「人生を好転させる魔法の言葉」を編み出しました。

これが2007年3月のことです。

長い長い長文の魔法の言葉を1週間かけて書いていったのですが、最初の言葉は何だったと思いますか？

実は「過去の選択への後悔の気持ち、責める気持ち」から始まりました。もともと私は、心理学に興味があって、法学部なのに、単位にならない心理学の卒論を1年かけて書いたほどです。

一方、法律の勉強はつまらなく（苦笑）、自分を奮起させないと机に向かうことができませんでした。明らかに、法律は私に向いていなかったのです。論理的に考える、本質を考える、ということが好きなだけで、法律のように枠組みの中で、最適な解決策を導き出すのは、苦痛で仕方がありませんでした。

私は自由に自説を編み出し、その論拠を調査で導き出すという方があっていたのです。ですから、自分で仮説を立て、それを検証するデータをとる社会心理学に興味を持っていました。

私の思考する力は、法律ではなく、人の心理の研究に向けた方がよかった！

そもそも、法律家になったら、人の心理に関する洞察をエッセイにしたい、と思っていました。明らかに、私の選択すべき道は、法律ではなかった！

そのことにうすうす気づいていたものの、「これだけ時間とお金をかけたのだし。歳もとっていくし、今さら、これが向いていないとは言えない」という気持ちで、見ないようにしていたのです。

そのことが、ロースクールを卒業した時に明確にわかり、「人生の分岐点」をことごとく外し続けた自分に、心底、嫌気がさしました。

ロースクール1期生に合格して喜んでいた私に「あなたの道はそっちではない！」と叱りつけたい気分でいっぱいになりました。

さらにもっと早い時点で気づけたら……とも思いました。

そもそも、大学で法学部を選んでいる時点から間違っていた！　法学部を選択しようとしている自分に、

「35歳の私だけど、私は法律が向いていないと明確にわかったの。こんなに長い時間をかけて今頃気づいたなんて本当に馬鹿だと思う。あなたなら、まだ間に合う！　心理学部を選んで！」

その後も、心理学を研究する方向へ変更する「分岐点」がたくさんあったのに、ことごとく外し続けた自分。

一体、何をやっていたのだろう!? そっちでないよ！ こっちの道を選んで！

こんなふうに、すべての選択を間違えた「過去のあらゆる時点の自分」に、パソコンでずっと語り続けていました。

そうでもないと、やっていられないほど、後悔の気持ちでいっぱいだったのです。

その後、『世界に1つ あなただけの「魔法の言葉」』に書かれているように、自分の人生の棚卸をしていきました。

そして、最後は、私は「自由」が大事な価値観だと気づき、「パソコン1つで日本全国を自由に飛び回れる生活をしたい」という願望が出てきました。

どうやってそれを叶えるのかは、まだ見えていませんでしたが、今の自分にできることは「ブログを書くことだ」と思いました。

２００7年3月末に「ブログを書くこと」を、理想の未来に向けて行動できる第一歩にする。そう決めたのです。

そして、そう決めた「２００7年3月末の自分」に向かって、私は毎日、その日に書いたブログ、考えたネタなど、全部報告していきました。方法は、イメージで伝える感じです。

なぜなら、「過去の自分の選択は、ことごとく間違っていた。分岐点を外し続けた」と思っている私の人生を、逆転させてあげたかったのです。

「あなたが２００7年3月末に決めた決意は、決して間違っていなかった」
「それを、今の私が行動し続けることで、証明してあげるから」

こんな気持ちで、２００7年3月の「自分の選択」に大きな○をつけてあげたかったのです。今まで「×」だと思っていた自分の人生を、「結果的に○にすれば、過去の自分が救われる」と感じたのです。

これが「10秒ワーク」の誕生秘話です。

当時は、過去の自分を救おうと続けていたのですが、いつの間にか、私の人生に欠かせない伴走者のような存在になっていきました。

何より、人生が大きく好転し始め、「本来の自分」で自己実現できるようになりました。こうなりたい、と願ったことは、どんどん叶えられ、まさに「パソコン1つで日本全国を飛びまわる生活」になりました。2007年3月から、約1年半後、私の願いが実現し始めたのです。

3 望む未来へ確実に繫げる「10秒ワーク」

10秒ワークを続けることで得られる効果は、たくさんあります。

2007年3月当時、「ブログを書くことで、どのように自由な生活になれるのか」見当がまったくつきませんでした。でも、10秒ワークを続けるうちに、望む未来に繫がるマイルストーンが、次々と出現し始めました。

その扉を開くと、また次の扉が開いていく。

35歳までの「ことごとく分岐点を外し続けた自分」が、正反対の「ことごとく分岐点をつかみ続ける自分」に変化していきました。

方法も進化し続けました。最初の半年ほどは、2007年3月末の自分に向けて、報告し続けていましたが、そのうち、変化していきました。

それに伴い、私にとっての「10秒ワーク」の役割も変化していきました。

最初は安心感を与える役割でしたが、やがては人生の伴走者の役割、今では「未来からのガイド」のような役割になっています。

10秒ワークは、シンプルですが、その人の現在のステージによって、最適な役割を果たすのです。

崖っぷちの不安だらけの人にとっては、安心感を与えるセラピストのような役割。

少しずつ行動ができるようになっている人にとっては、コーチのような伴走者の役割。

さらに結果を出せるようになり、もっと可能性を信じたい人には、コンサルタントやガイドのような役割。

どのタイプの人にも合わせられる、変幻自在の顔を持つのが、10秒ワークなのです。だから、私は今でも、1日も欠かさず続けられています。

10秒ワークは、いくつかのパターンがありますが、人によって最適なパターンが違います。また、その時のその人のステージ、状態によっても変わります。

正解はありません。本書では、いくつかのパターンをお伝えしますが、まずはやってみたいパターンからやってみてください。紹介されている順番通りでなくてかまいません。

10秒ワークは、あなたの人生で永遠に使っていける万能なワークです。使い続けるほどに、自分との最適な相性がどのパターンか、わかっていくと思います。

何より「自分の人生のすべての選択が正解になっていく実感」を得られます。正解にするのは、あなた自身です。

人生の主体は他の誰でもない自分。10秒ワークを続けていくと、自分の軸がしっかりできあがっていき、「本来のあなた自身」が姿を現してくるでしょう。続けるほどに、自分のやりたいことを実現していく楽しさに目覚め、揺るがない自信に満ちていきます。

誰もが自分らしい人生を歩む人が日本中に増えてほしい。そんな願いを、私は10秒ワークにこめています。

4

自己肯定感が高いと無理なく望む結果が得られる

10秒ワークには、いくつかのパターンがありますが、どれも「自己肯定感を高める」ことに繋がっています。続けるうちに「今のあるがままの自分で最善を尽くしている」

という感覚が身につくからです。どんな状態の自分でも肯定できるようになるので、望む結果が得られるまで焦らずに取り組めます。

一方、自己肯定感が低いと、今の自分を否定してしまうことになり、表面上はどんなに頑張っていても、心はどこかで漠然とした不安を抱えています。


たとえば、いい人に思われたくて頑張り過ぎてしまうタイプは、「(頑張らないと)自分には価値がない」と思っていることが多いのです。これも自己肯定感が低いからです。ダメな自分を許せない、できていない自分には価値がない、とあるがままの自分を受け入れられない状態です。

だから、常に何か結果を出し続ける自分でないといけない、と思ってしまい、行動をあれこれしていても、心が擦り切れてしまうのです。


人からの「頑張っているね」という評価や、何らかの目に見える結果を求めるあまり、本当は自分はどうしたいのかが、置き去りになってしまいます。

外側の行動と、内側の思いがバラバラで一致していない状態ですので、悪化すると、うつ病になることもあります。

自己肯定感が低いと、他には、こんな状態になります。

たとえば、自分に自信が持てないので、なかなか行動に踏み出せません。ダメな自分を受け入れられないので、失敗したらどうしよう、人に馬鹿にされてしまうかもしれない、と人の目が気になってしまうのです。

あるいは、上司に些細なことを注意されただけで、「自分はダメだな……」と、すぐに落ち込んでしまいます。そう思うとさらに周囲の人の目が気になり、会議でも「自分の意見なんて大したことないんだろうな」と萎縮して発言を控えてしまいます。

ちょっとした失敗をすると、過剰に反応して、自分を責めてしまいがちになります。そのうち、直接関係のない過去の失敗経験まで思い出し、「本当にダメだな」と、自分を責める気持ちを強化してしまいかねません。

一方、自己肯定感が高い人の場合はどうでしょうか。失敗をしても、「今度から、〜〜の方法でやるとうまくいくだろうな。やってみよう」と、その経験をリソースに変換できるので、行動も軌道修正できます。

また、うまくいくかどうかわからない未知の選択でも「もしうまくできたら〜〜という結果が手に入るかもしれない。自分ならできる。よし、やってみよう」とリスクをとることも決断できます。時代は変化しているので、ずっと同じ方法、選択をしていると、進化から取り残されていきます。

多少のリスクがあっても、うまくいく可能性があるのなら、と決断できる人は、「自分を信頼している」ともいえます。自分の可能性に賭けることができるからです。

こういう人は、何があってもチャンスに変えていくことができます。どこかで躓いても、そこから学び、常に「うまくいく方向のリソース」に転換するだけですので、過度に恐れることがありません。

こんなふうに、自己肯定感が高い人と低い人とでは、出来事の捉え方や行動の仕方が違ってきます。

自己肯定感が高いと、無理なく望む結果が得られやすいといえます。一方、自己肯定感が低いと、たとえ結果を出していても、どこかで無理をしてしまうのです。

10秒ワークは、続けることで自己肯定感を高めていくのです。

5／心の安全基地がないと不安になる

自己肯定感が低いと、失敗を恐れ、チャレンジもしにくくなることをお話ししました。このことを、「セキュアベース」という概念を使って、解説します。

セキュアベースとは、心の安全基地のことで、イギリスの心理学者、ジョン・ボウルビィの発達心理学の研究から導き出された理論です。

幼児は、自分を絶対的に受け入れてくれる両親の存在があってこそ、安心して行動ができます。心の安全基地があるからこそ、それがよりどころとなり、未知の領域にもチャレンジできるのです。

脳科学者の茂木健一郎さんは、本来幼児を対象としたセキュアベースを、大人の場合に当てはめると、「心のよりどころになる存在」と表現しています。尊敬できる先生、支えあうパートナー、信頼できる友人などがそうですね。

茂木さんは、「揺らぐことのないよりどころ」という意味では、「主義」「哲学」「信条」という価値観も、セキュアベースになりえる、と説明しています。

私が多くのクライエントさんにコンサルをして洞察を得た結果、「うまくいかないパターン」を繰り返してしまう人は、このセキュアベースがない場合が圧倒的に多い、と感じます。

セキュアベースがないと、心が不安を感じやすいのです。ですので、決断がなかなかできないですし、自分の選択になかなか自信が持てません。

不安を埋めるために、確実に安心なことを求めるので、社会に出ても、学生時代のテストのように「正解探し」をしようとしてしまいます。

すべてではないですが、自分の選択が世間的に合っているのかを気にしてしまいがちな人は、セキュアベースがないことが理由の場合があります。

自分の基準で選択するのではなく、世間一般の基準にそって選択する方が、安全で確実だと思ってしまうのです。

すると、自分の本当の気持ちがわからなくなっていきます。物事の選択基準や行動基準が、自分が本当にやりたいことを得るためではなく、「安心や安定や確実」を得るためになってしまいます。しかも、案外、本人は無自覚です。それが本当の願いだと思い込んでしまうことも多いのです。

仕事の場面で、このような心理状態ですと、思い切った発展的な選択は、なかなかできないでしょう。また、何かの業務をしていくうえで、様々な不都合を引き起こします。たとえば、自分の行動の責任を引き受けられない、自信が持てない、失敗を恐れて安全策しかとれない、などです。

こんな事例もあります。

幼少期の親との関係で、セキュアベースがあまり築けなかった場合、自分の心にポッカリ穴があいているような感覚があります。本来、親に受け入れられる体験をすべき時にしていないと、大人になっても、心のよりどころを求め続けます。

そこで、自分を受け入れてくれる人に「認めてもらうこと」に依存してしまうのです。

自分がやりたいことではなく、その人が褒めてくれそうなことをして、認められることで「安心」や「確実感」を得ようとしてしまうのです。これも本人は無自覚です。

こういうタイプの方は、努力家でもあり、行動もしているので、一見わかりにくいのですが、よくよく観察すると、自分が何をしたいのかがわかっていないことが多いのです。

依存先が恋人になる場合もあります。たとえば、「望むことを相手がしてくれない！」と責める人は、どこか心は不安定で、相手の態度に一喜一憂し、気分が相手の言動に依存してしまいがちです。

自分自身で自分を満たすのではなく、相手から確実なことを引き出そうとし、「〜

してあげるから、代わりに〜〜してほしい」と、取引的なコミュニケーションをすることもあります。そして思い通りの反応が得られないと、不安になり、感情をぶつけてしまうのです。

セキュアベースがない場合、人間関係で信頼関係を築くことが難しくなってしまう事例も多くあります。表面上はうまく付きあえても、見捨てられるような不安がベースにあると、絶対的な信頼感を相手に持ちにくいのです。

コミュニケーションにおいて、自分の思いを、相手とのやり取りの中で上手に伝える、ということができにくいので、我慢している、犠牲になっている、と感じることが多くなります。

こうして「うまくいかない前提」が作用し続けるのです。この状態にあると、常に自分が被害者のように感じてしまい、現状を客観視するメタ認知が働きにくくなります。

10秒ワークは、このセキュアベースを作りながら、自分と人を信頼し、チャレンジする心を育てていきます。たった10秒のワークを毎日続けると、未来を信じて行動ができるようになるのです。

6 セキュアベースを育てる「10秒ワーク」

このように、10秒ワークを続けてセキュアベースを作ることは、「自分の未来を信じる力」を育てることになります。これは「未来に対して確実に自分がコントロールできるエリア（領域）」を増やしていくことでもあります。

脳科学者の茂木健一郎先生は、よりどころとなるセキュアベースがあるからこそ、人間は、未知なるものへの好奇心や、新しい領域にチャレンジする意欲が湧く、と説明されています。

さらに、こう説明されています。

「脳科学的に説明すると、人間の脳は『確実なこと』と『不確実なこと』とのバランスを常にとっている。確実なことが10あれば、同じく不確実なことも受け入れることができ、その10の範囲で脳はさまざまな探索行動をとることができるのである。逆にいうと、確実なことがない状態では、不確実なことも受け入れられなくなるため、引っ込み思案になったり、かたくなになってしまうわけだ」（『プロフェッショナルたちの脳活用法』〔NHK出版〕）

この「確実さと不確実さの割合は同じ」という話を、私なりに解釈したのが、次の図です（図A）。

確実さが10あれば、同じ10の量の分だけ、不確実さを受け入れられる、ということは、確実さと不確実さの面積は同じことになります。不確実さは「未知の領域」です。まだ経験したことのない領域です。

イラストでは、左が確実さの量、右が不確実さを受け入れる量を表しています。

ですので確実さが30あれば、同じ30の量の分だけ、不確実さを受け入れられる、ということになります（図B）。

図A

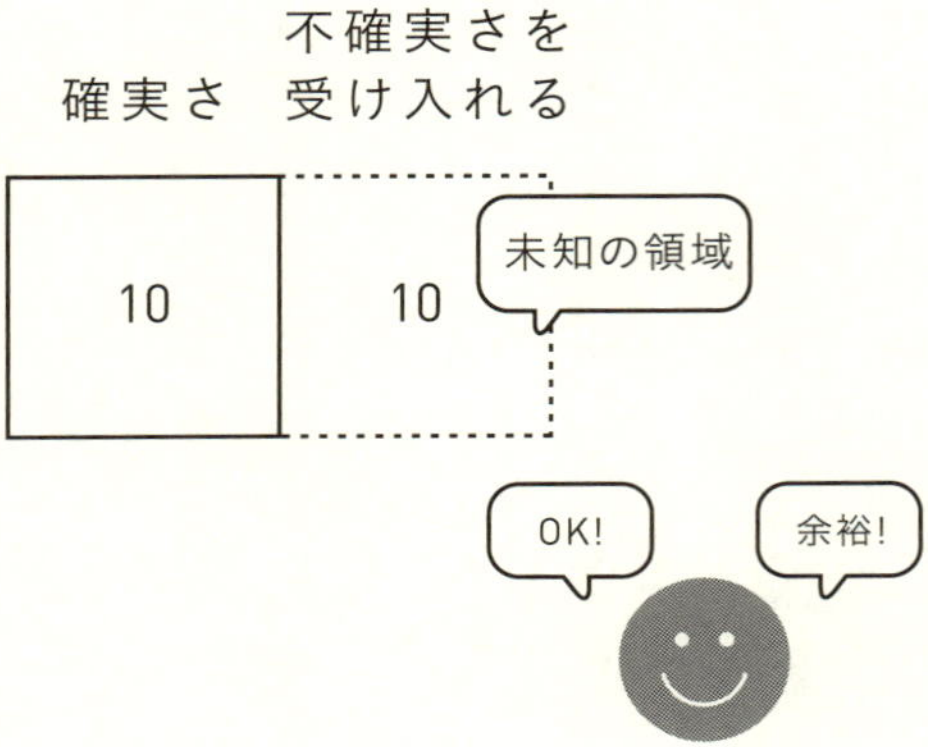

では、仮に未来への漠然とした不安を、数値化できたとして、30だとします。未来への不安は、不確実の領域ですので、右の担当領域です。

すると、確実さが10しかない人の場合、不確実さも10しか受け入れられないので、未来の不安30は、10の容量をオーバーしてしまいます。すると、自分の器を超えてしまうので、不安に焦点がいきやすくなります（図C）。

では、確実さが50ある場合はどうでしょう。不確実さを受け入れられる量が、同じく50ですので、未来の不安が40でも20でも、容量の範囲内です。この場合、余裕があるので、不安に焦点があまりいかない結果、未知の領域

図B

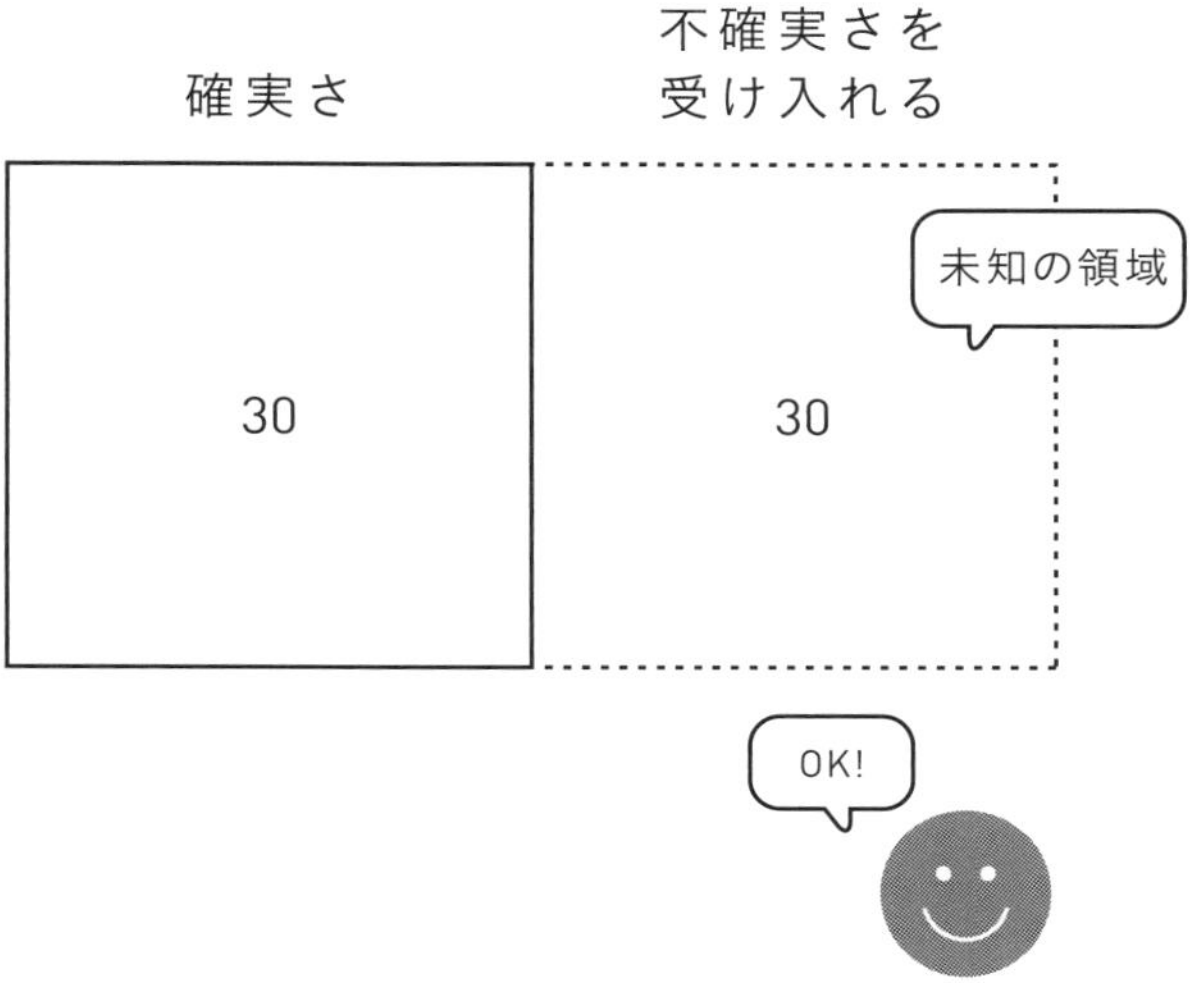
確実さ
不確実さを
受け入れる
未知の領域
30
30
OK!

図C

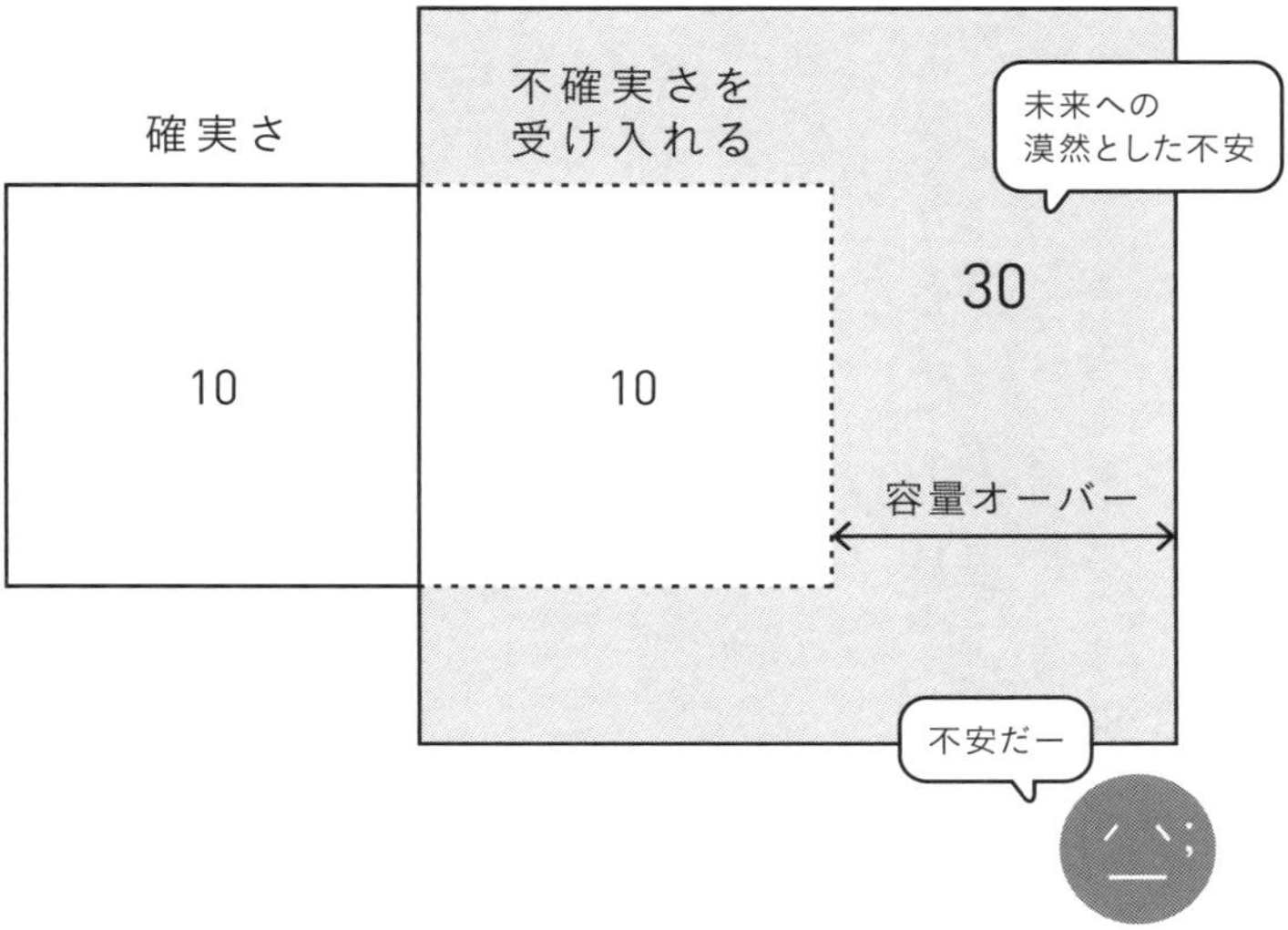
確実さ
不確実さを
受け入れる
未来への
漠然とした不安
30
10
10
容量オーバー
不安だー

にもチャレンジしやすくなる。私はこう解釈しています（図D）。

私の提案する「10秒ワーク」は、セキュアベースがない人が続けると、セキュアベースを作っていくような感覚になると思っています。

なぜなら、過去の自分との対話によって、左側の「確実に前に進んでいること」「自分を信じられる感覚」を増やしていくからです（図E）。

7 コントロールできる領域を増やす確実さが鍵

この「確実さ」を別の観点から説明します。

ペンタガストリンという薬品を点滴して、ストレスホルモンを強制的に放出させる心理実験がありました。

グループを2つに分けます。1つはただ点滴するだけのグループ。もう1つは「具合が悪くなったら、ボタンを押せば実験を中止できます」という説明と共に、ボタンを手渡されてから点滴されるグループです。

図D

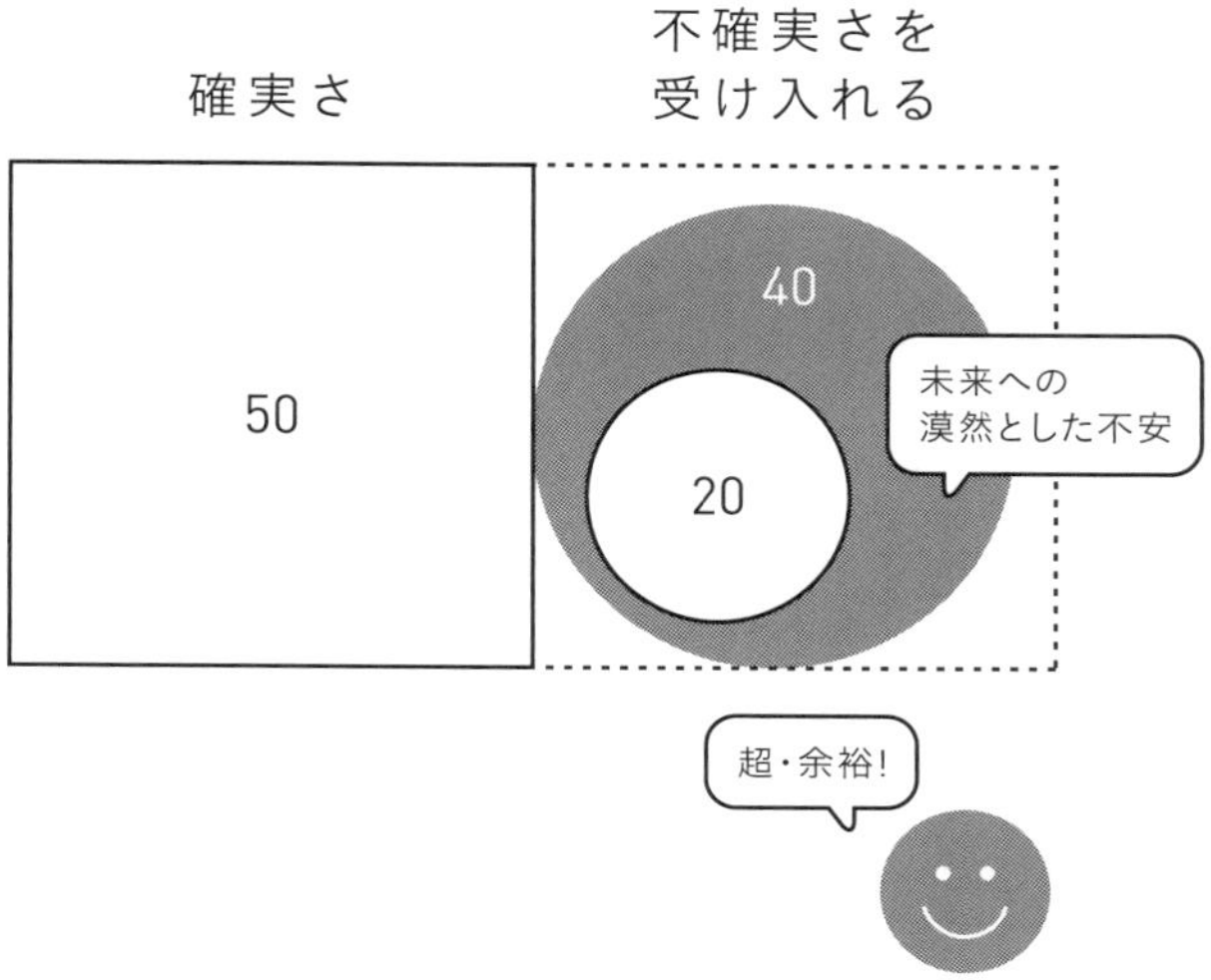
確実さ
不確実さを
受け入れる
50
40
20
未来への
漠然とした不安
超・余裕!

図E

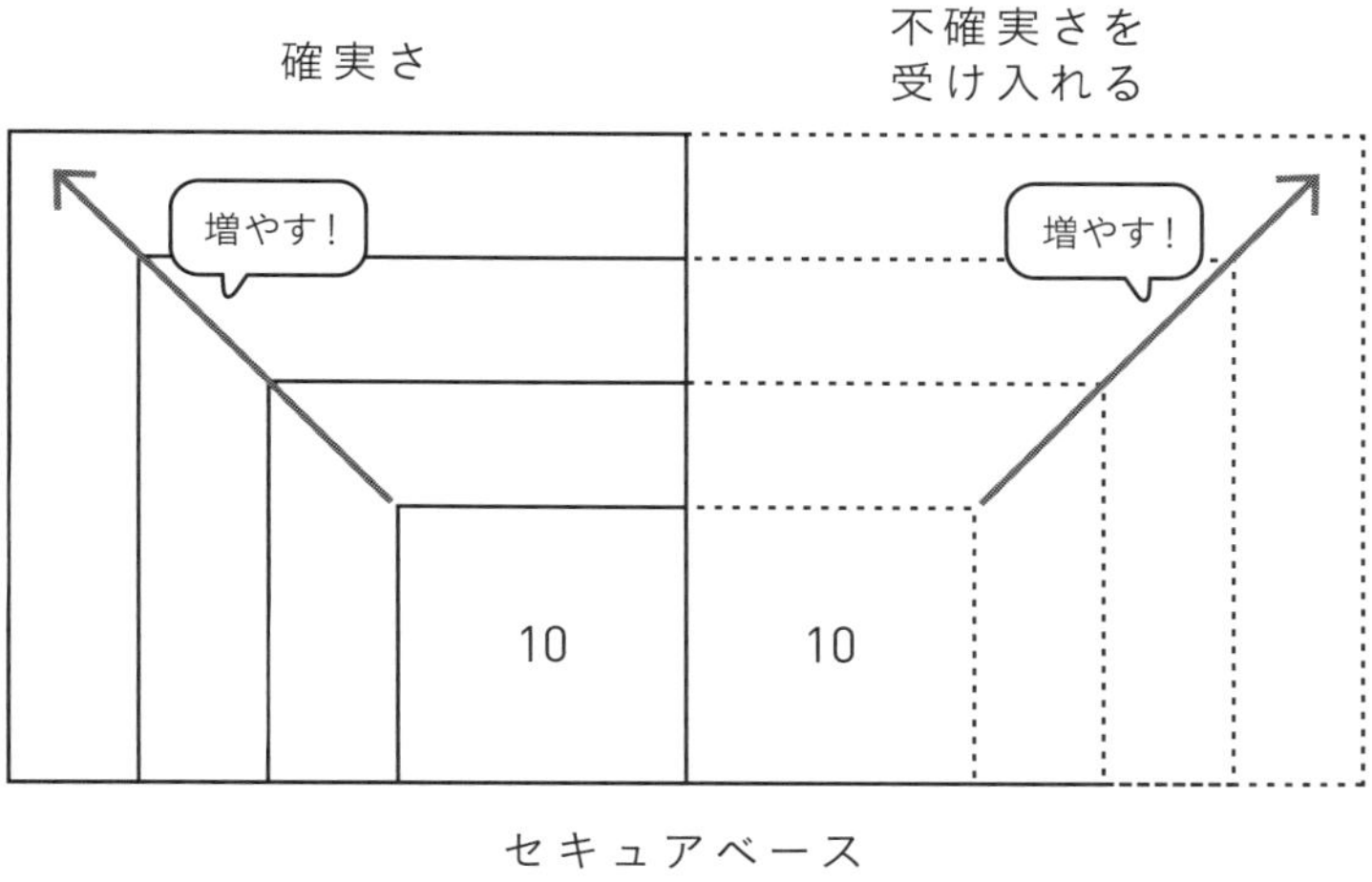
確実さ
不確実さを
受け入れる
増やす!
増やす!
10
10
セキュアベース

両者に同じ量のペンタガストリンが点滴されるのですが、ボタンがある方が、ストレスホルモンの上昇量が5分の1くらいで済む、と結果が出ました。

その理由は、ボタンというストレス回避法があることを認識するだけで、すでにストレスを解消したのと同じ効果があるから、と報告されました。

この実験のテーマは「逃げ道があるとストレスが減る」ですが、別の表現をすると、「自分で確実にコントロールできる領域がある、と感じると、ストレスが減る」とも、言い換えられます。人は、ストレスが減ると「今できること」に集中できるものです。

これはメタ認知とも関連している、と解釈することが可能です。

ボタンがないグループは、いつペンタガストリンが点滴されるかわからない不安、点滴をされても、耐えるしかない点で、ストレスを感じています。状況に対してコントロールできず受け身だからです。

一方、ボタンがあるグループは、ペンタガストリンが点滴されても、解決する方法を知っているので、いざというときに、状況をコントロールできるとわかっています。「あ、ペンタガストリンが点滴されて不快に感じている自分」→「でも、ボタンを押せば大丈夫」と認識できるからです。

自分の置かれた状況を俯瞰的に見る余裕があるので、ペンタガストリンを点滴されるタイミングがわからなくても、ストレスが減るのです。

他の場面でも同じです。状況を俯瞰できると、適切な行動をとることができます。

10秒ワークは、「過去の自分に対して、現在の自分が、確実な情報を教える」ことを通して、自分の中で「確実にコントロールできている感覚」を積み重ねていきます。ペンタガストリンの実験の「ボタン」の役割を増やしていくようなものです。

その結果、自分は未知の領域に対して適切な選択や行動ができる、と自分に対する信頼が育ちます。

実際に結果が出た事例を、第5章で解説しています。それを読まれると、きっとイメージが湧くと思います。

8

あなたは人生史上最高に賢い存在

10秒ワークとは「現在の自分が、過去の自分に、情報を教えるワーク」でしたね。過去の自分とは、現在の自分から見て「少しでも過去」であれば、すべて過去の自分に該当します。

極端な話、1秒前の自分でも、現在の自分からすると、過去の自分です。もちろん、1ケ月前、1年前、5年前の自分も、過去の自分です。

過去の自分から見ると、現在の自分は「未来の自分」です。

私は、このことを説明する際、セミナーで「皆さんは、今までの人生史上最高に賢いのですよ」と説明します。こう言うと、「私は失敗ばかりして、全然賢くありません」と反論する方もいるのですが、私が言っている「賢い」というのは、そういう意味ではありません。

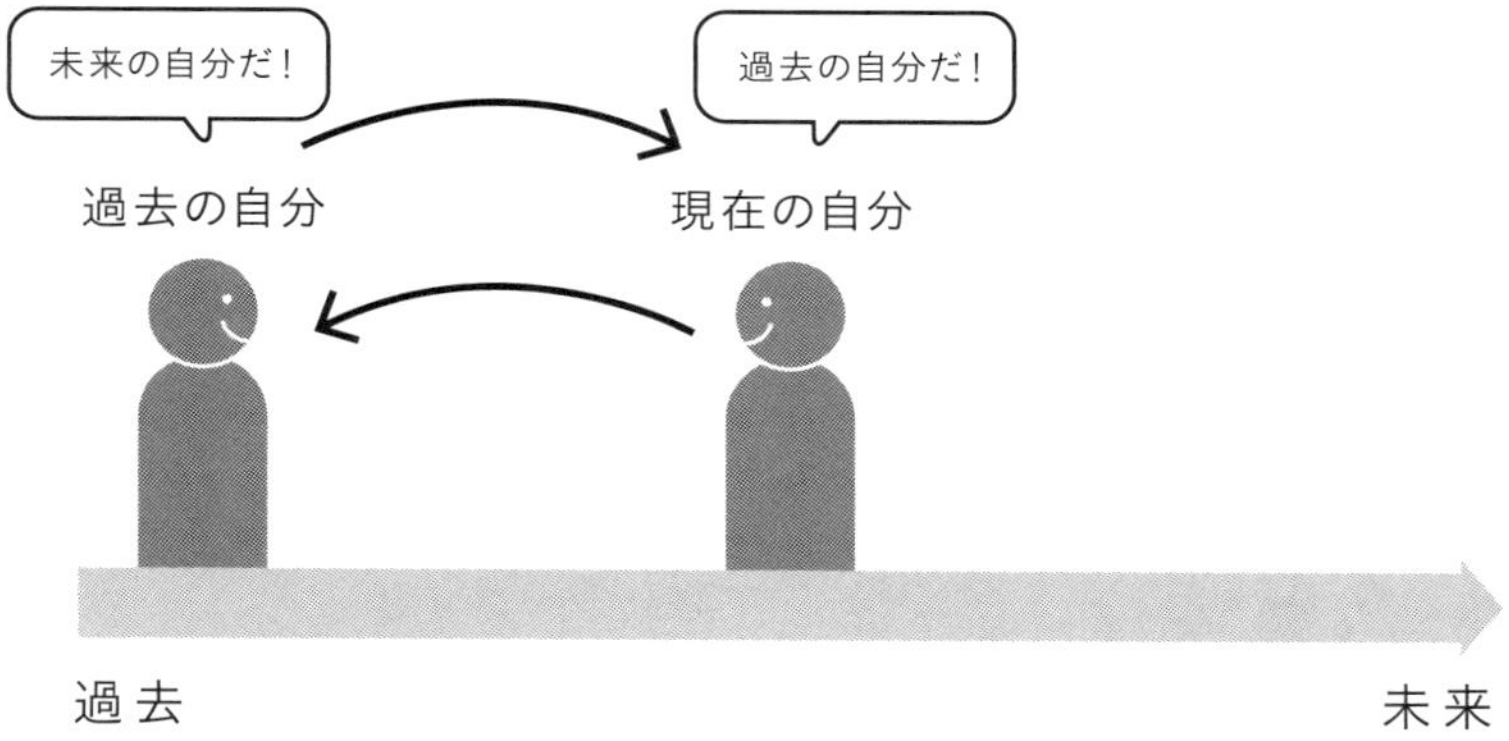

仮に失敗したとしても、「あの時に失敗する」ということを、現在のあなたは知っています。何時何分に、どんな理由で失敗するのか、実際に体験しているからです。

あなたは、もしタイムマシンで過去に戻れたならば、失敗することを知らない、過去の自分に対して、「何時何分に、こんな失敗をするから、気をつけて」と忠告することができます。

そうすれば、過去の自分は違う選択肢をとるかもしれません。

あるいは、逆に、過去に「これは、うまく

いくか予測できないので不安だ」と思った経験はありませんか？　でも、その後、意外にもうまくいったという経験、人生の中で、１つや２つ、ありますよね。

この場合、タイムマシンで過去に戻り、「今、不安でいっぱいだと思うけど、結局うまくいくから大丈夫。安心して」と励ますことができます。

私はよく、ソチオリンピックの浅田真央選手を、たとえ話に使います。ソチオリンピックでの浅田選手は、団体やショートプログラムで、失敗が続いていましたが、フリーで自己ベストを叩き出し、世界中を感動で沸かせました。

フリーの前日まで、失敗が続いていた浅田選手は、インタビューでも力がありませんでした。

皆さんが浅田選手の立場だったら、どうしますか？

日本中の期待を背負って、思うように結果を出せていない、というプレッシャーの中で、明日はフリーを迎えるという状況です。

普通のメンタルの人なら、プレッシャーに負けて、自信を失ってしまうのではないでしょうか。

ちょっと想像をしてほしいのですが、そんな時、1日後の浅田選手が現れて、こう言ったらどうでしょうか。

「今、不安でいっぱいだと思う。でも、未来の私の言うことを信じて。実はあなたは、明日、フリーで自己ベストを出すのよ」

あなたは、なかなか信じられません。失敗ばかりしていたのに、自己ベスト⁉

なかなか信じないあなたを見て、未来の浅田選手は「証拠を見せてあげる。これが録画された映像よ。ほら、見て！　あなたは本当に自己ベストを出しているでしょう」

そう言って、ビデオを見せてくれます。

映し出された動画は、確かに未来の日付。そして、明日着る予定の衣装。3回転半のトリプルアクセルを成功させ、電光掲示板に出る点数を見て、驚く自分の表情。世界中の人の称賛、感動の声。感無量でインタビューに答えている自分……。

ここまで証拠の動画を見せられたら、信じますよね。
もし仮に信じられたら、あなたはどんな気持ちで、次の日の試合に臨みますか？
どんな気持ちで練習場に向かいますか？

きっと、「どうせ自己ベストを出すのだから、今までの練習の成果を出そう」と、リラックスした気持ちで、「今できること」に集中できるのではないでしょうか？

もちろん、これはたとえ話です。実際に未来の自分が情報を教えてくれるなんて、SF小説や映画でもない限り、ありえません。
私がこのたとえ話でお伝えしたいことは、「もし未来がうまくいく、と信じられたならば、人は不安にエネルギーを使わずに、今できることに集中できる」ということなのです。

10秒ワークを続けると、この状態に確実に近づくことができるのです。過去の自分に対して、現在の自分が、「確実な情報」を伝えることで、「過去から見た未来の自分が、情報を教えている」というリアリティーを感じることができます。人はリアリティーのないものは、なかなか信じられません。臨場感がなく、イメージができないからです。

「人生史上、最高に賢い自分」とは、「過去のどんな自分よりも、現在の自分は情報を知っている」という意味なのです。あなたは、この1年間、いつ失敗して、いつうまくいき、うまくいく時のプロセス、誰と一緒にいるのか、などを全部知っています。

どんな当たる占い師よりも、詳細に、何月何日にどんなことが起きるのかを知っています。

9 未来から時間を流す感覚が育つ

現在の自分は、今までの人生で、自分に何が起きるのかをすべて知っている「人生史上最高に賢い存在」ということでしたよね。では、ちょっと想像をしてみてください。

毎日、過去の自分に「こんなことが起きるよ」と、未来の（現在は、過去から見ると未来）自分が情報を教えることを、1ケ月、毎日欠かさず続けたとします。1ケ月後、どんな感覚になっていると思いますか？

セミナーで問いかけると、たいてい皆さん、こう言います。

「何だか安心できるような感じがします」「何があっても大丈夫だ、という感じになるような気がします」

その通りなんです！　いえ、実はそれ以上の効果があります！

体験していなくても、想像ができるのですから、実際にやってみると、驚くべき効果に気づくと思います。

確かに最初の1ケ月は、安心する、などの感覚がメインだと思います。

でも、もしこのワークを1ケ月と言わず、半年、1年、2年……と続けたならば⁉

私は2016年現在、10年目に入っていますが、「想像を超える感覚」が得られる、とだけお伝えしておきます。

私は、もともとの性格は、不安が大きくて、常に「本当にうまくいくのだろうか」と心配するタイプでした。常に焦っていて、自信がない。その私が、10秒ワークを続けることで、「未来はうまくいく」という前提で、今の出来事を「うまくいく未来に繋がる単なるプロセス」と捉えられるようになりました。

困ったことが起きても、本質的には困っていない感覚といいましょうか。「どうせ未来はうまくいくのだから、ここからどうやって、うまくいく未来に繋げられるのだろうか」としか思えないのです。

これは、見せかけのプラス思考とは、まったく質が違う感覚です。見せかけのプラス思考は、現状を正確に見ることができません。メタ認知能力が低いともいえます。都合の悪いところは見ないようにして、自分を取り巻く状況を客観的に見ることができないので、どう行動を変えたらうまくいくのかを見極めることができません。当然、軌道修正ができず、現状を変えることができないのです。

10秒ワークは「過去の自分に、現在の情報を教える」ことを通して、現状を把握する力、それを言語化する力が確実についていきます。当然、このプロセスで、メタ認知能力がつきます。

また、最初は安心感が得られます。浅田選手のたとえ話のように、人は安心できると余裕ができて「今できること」に集中できます。自分を俯瞰的に見て、どう行動するとよいのかを考え、うまくいく未来に近づいていくことができます。

この積み重ねが「自分を信じる力」「未来を信じる力」を育てていきます。

さらに続けると、どうなるのでしょうか。たとえば私の場合、未来の自分からインスピレーションをもらえる感覚が頻繁にあります。未来の自分が情報を教えてくれる感覚です。

直観力も鋭くなったように思います。きっと、不安が減るので、メタ認知ができるようになり、情報の取捨選択が的確になり、思考がシンプルになるからだと思います。

この図を見てください。

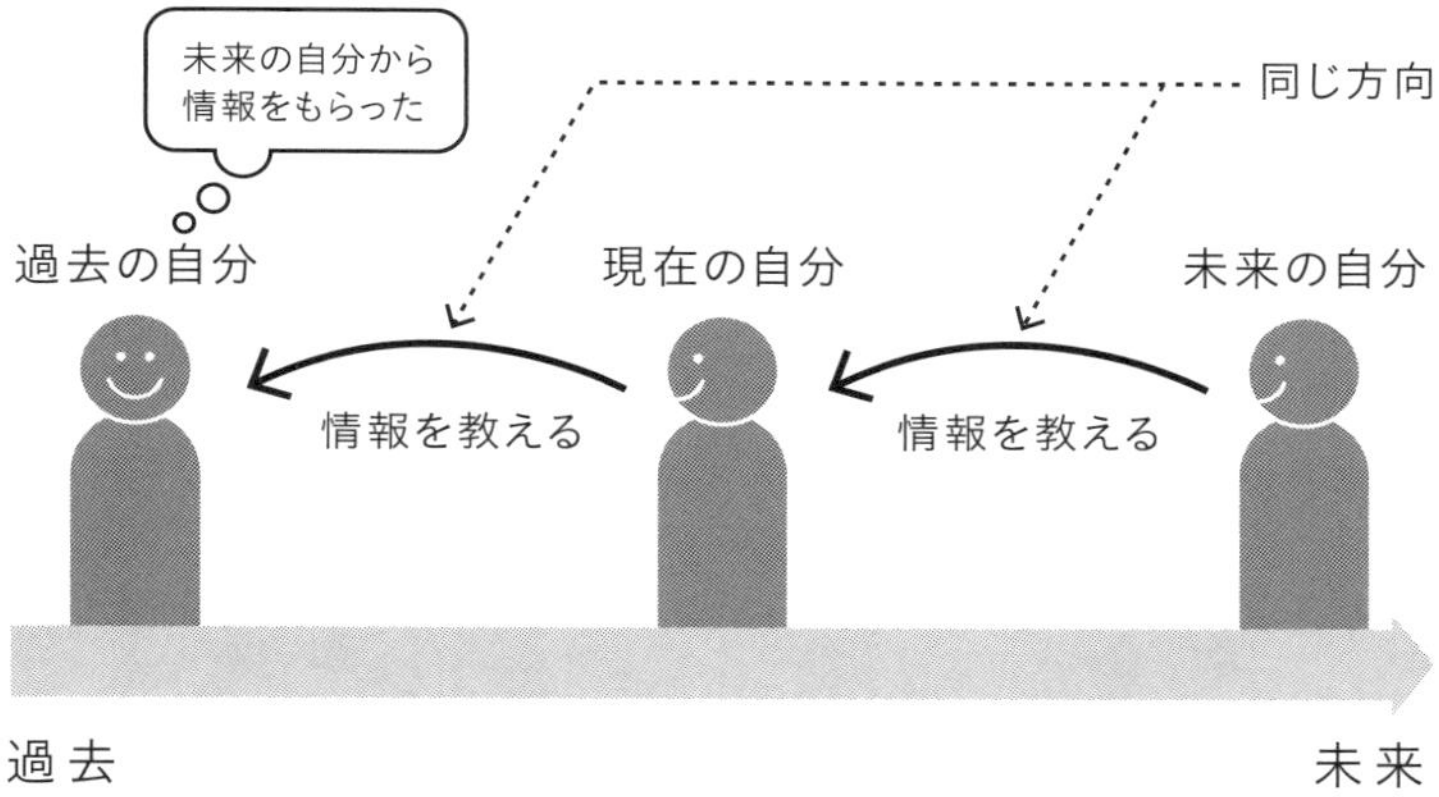

現在の情報を過去の自分に教えるのが10秒ワークでした。矢印が、現在から過去に向かっています。では、未来から現在を見てください。未来から現在の矢印と、現在から過去への矢印の向きは同じです。

10秒ワークを続けると、実際は、現在から過去に情報を教えているのに、未来から現在に情報を教えてもらえる感覚になるのは、この図から説明ができます。

潜在意識には、過去・現在・未来の時間の区別がないといわれます。ですので、現在の自分が、過去の自分に情報を教えるワークを続けることで、現在の自分も未来の自分から情報を教えてもらえる感覚になっていきます。

これが正しいのかはともかく、少なくとも「未来の自分がいつも自分を見守ってくれている」という感覚は身につきます。

浅田選手のたとえ話からも、「未来を信じられる感覚」があると、人は「今できること」に集中できる結果、心配や不安に思考や感情のエネルギーを使わずにすみます。

これは、ペンタガストリンの実験のボタンの話と似ています。10秒ワークを続けることで、確実に自分がコントロールできる領域を増やしていけるのです。不安にエネルギーを奪われずに、行動をし続ける結果、望む未来が近づいてくる感覚が得られます。

さあ、次の章から、ウォーミングアップの準備ワーク、そして10秒ワークの実践に入っていきます。楽しみながら、実践していってくださいね。

第4章

五感を使う準備のワーク

1 五感を使うほどメタ認知の範囲が広がる

自分を客観視し、メタ認知能力が高くなる10秒ワークは、続けることで、認知している世界を広げてくれます。人によっては、たった1回で効果が出て、すぐに選択肢が変わります。

つまり、認知する世界を広げただけで「前提」を変えることができる場合もあるのです。

そこまで奥深い10秒ワークですが、効果的にするための準備のワークがあります。

これから、その準備のワークをご紹介しますが、その前に、ちょっと想像をしてみてください。

あなたは今、知らない街の真っ暗な夜道にいて、どこにいるのかさえ見当がつかない迷子状態だとします。これでは、どちらに進むと目的地に行けるのかわかりません。

こんな時、1本の懐中電灯で足元を照らすのと、大きな街灯が道沿いに数基あるのとでは、まったく見える景色が違うと思いませんか。見える景色が広いほど、光が明るいほど、現在いる場所の位置関係がはっきりしますし、どちらに向かうとよいのかも明確になります。

足元しか照らせない暗い懐中電灯では、自分の位置関係が把握できません。

準備のワークをすると、今まで懐中電灯で足元を照らしていた人が、もっと明るく広い範囲を照らす街灯で、景色を見られるようになっていきます。

もっとも、実際は、懐中電灯から、いきなり街灯に変わるわけではなく、次第に照らせる範囲が広くなっていきます。ですので、10秒ワークをしながら、時々、この準備ワークも並行して行うと、効果が出やすくなります。

これからご紹介する、いくつかの準備のワークの内容は、五感を研ぎ澄ませていくものです。

五感を使うことを意識すると、メタ認知の範囲が広がります。なぜなら、目に見えるもの、耳で聞こえること、体で感じることなどを意識するので、今まで見えていた世界とは違う見え方になっていくからです。

まさに、照らせる光の範囲が、懐中電灯から、街灯に変化していき、認知する世界が広がっていくのです。

認知できる世界が広がると、今まで盲点だったことにも気づきやすくなり、判断材料、選択の幅が増えていきます。その結果、別の選択肢をとることが意識化されるので、選択が変化する確率が高くなります。

10秒ワークの効果を出すには、実は「やり方」より「どんな意識でやるのかという感覚」の方が重要です。

準備のワークは、無理なく五感を研ぎ澄ましていくので、「感覚」が鍵を握る10秒ワークが効果を発揮しやすい土台を作っていきます。

子どもがたった1回のワークでも効果が出るのは、理屈ではなく感覚で掴むからだと思います。

大人になるほど「なぜ、それは効果があるのか」という理屈に納得がいかないと実践できないタイプが増えていきます。また、大人になるほど、世間の基準が刷り込まれていきますし、しがらみも増え、自分の思うように素直にやってみること自体が、難しくなっていきます。

コンサルをしていて「自分が本当は何を望んでいるのか、わかっていません」という方は、本当に多いと感じます。医者などの社会的地位が高い職業の方でさえ「本当は自分のやりたいことではない。でも、今さらやめられないし、どうしていいかわからない」とおっしゃる場合もあります。

こういうタイプの方は、いきなり10秒ワークをするよりも、まずは準備のワークをされるとよいと思います。子どもの頃は誰しも開いていた感覚を、次第に取り戻せるようになります。

五感を研ぎ澄ますためには、普段、無意識にやり過ごしてしまっている感覚を「意識化」します。この章では、この「意識化」の具体的な手法を説明していきます。

この準備のワークがすでに得意だと思う方でも、1度はやってみてください。「できる」と思うことと、「実際にできる」ことは、まったく違います。1度やってみて「しっかりできている」と感じたら、次の第5章を読まれてください。そして、時々、10秒ワークと並行しながらこの準備ワークをすると、一層効果的です。

2
受け身の人生から卒業する

五感を研ぎ澄ますには、感覚を「意識化」するのがコツ、とお話ししました。慣れていないと、最初は難しく感じるかもしれません。それは、普段、受け身で何気なく過ごしてしまっていることが多いからです。

たとえば、会社へ向かう途中の見慣れた景色を思い出してください。あるいは、最寄り駅の周辺を思い出してください。

どんな建物があり、建物の色は何色なのか。途中に、どんな看板があるのか。今どんな花が咲いているのか、意識的に見ている人は、ほとんどいないと思います。たいてい、目的としているものしか意識していないはずです。

本当は「ある」のに、意識していないと気づきようがありませんよね。感情も同じです。自分が何を感じているのかに対して考えていない、あるいは人に合わせ過ぎていると、本当に感じていることがわからなくなります。自分の感情がわからないと、人に自分を理解してもらう基準がわからないので、自分も相手も調和する人間関係を築くのは難しくなります。

受け身の姿勢は、他の場面でもありえます。たとえば、ネットやテレビなどから受けとる情報も、案外、受け身でいませんか？ テレビを、何となくつけっぱなし、ネットも興味のあるページをクリックしているつもりでも、実は明確な意図がなく、気づいたら、時間だけ経っていた、ということはありませんか。

これが、受け身の感覚です。

受け身でいると、「その場で何となく受け答えして、あとから、ああ言えばよかった、こう言えばよかった」と後悔することがあります。

さらに、何となく流されていると、さほど欲しくないものをネットで買ってしまったり、もう必要ではない行動を、惰性で続けてしまうこともあります。

これを解決するには、主体的に、自分が何を感じているのかを理解することが必要です。その具体的な方法が「感覚を意識化すること」なのです。

普段「ある」のに気づこうとしなかった刺激、感情を意識的に気づこうとすると、認知できる範囲が格段に広がります。今まで気づかなかったことは、「認知の外側」にありますが、意識的に気づいていくと、「認知の内側」に入ってきます。

すると、それだけで選択の幅が広がりますので、今までとは違う選択肢をとれるようになります。あるいは、自分にとって不要なことは選択しないで、もっとよい選択肢をとることができます。

選択が変わると、行動が変わります。行動が変わると、今までよりも上質な人生に変化します。

3

30秒　五感を鍛えるワーク

では、早速、五感を言語化するワークをしてみましょう。一度やってみて、「できている」と思う方は、次に進んでください。そうでない方は、10回ほど練習することをお勧めします。

◎方法

①今、見えている風景、聞こえてくる音、触感など、あなたの五感を刺激しているものを感じてみましょう。

②その中で、印象的なものから順番に言語化してください。声に出さなくても大丈夫です。

例：私の目の前に、黒い机があります。その上で、時計がチクタクと音を立てています。時計の色は白です。机の端をよく見ると、汚れがあります。手で触ると、少しベタベタします。座っている椅子は、少し硬いです。足は床についています。足の指が少し冷たい感じがします。部屋は少し乾燥気味です。

多くの方は、普段使っている机を、こんなふうにマジマジと観察していないと思います。

普段、あえて言語化しないでいることを、言語化しようとする時点で、あなたの意識は受動から能動に変わっていきます。観察しようとする意図が働き始めます。

能動に変わると、何が起きると思いますか？

これはとても重要なことなのですが、「意識的に選択する」ことができるようになります。その延長線上に、主体的に人生を生きる、という選択があるのです。

どんなに偉大なことも、最初の一歩は、とても小さなことから始まります。

4 1分間 呼吸ワーク

30秒ワークで、五感を言語化しようとする時点で、自分が今、一体何を感じているかについて、急にアンテナが張られていくことに、気づかれたと思います。

次に、さらに感覚を研ぎ澄ませるために、「たった1つの行為」に注目していきます。

それは「呼吸」です。呼吸は、今までの人生の中で、あなたが当たり前のように続けてきたことです。瞑想やヨガでもしていない限り、普段の生活の中で、呼吸のみに意識を集中することは、あまりないと思います。

普段、無意識にしている呼吸にフォーカスすることで、自分の存在を「自分事」に感じることができますし、自分の本当の感情にも気づきやすくなります。

また、無意識にやっていることは既に習慣化されているので、その行為の回数は圧倒的に多いですよね。それをコントロールできるようになると、人生を変えることができる実感を得られやすいのです。


たとえば、ダイエットを意識的にやると、なかなか続きません。いつもやっていないことを、あえて始めると、「面倒だな」と思うと時が必ず来ます。また、ついつい食べ過ぎてしまった、など一度リズムが狂うと、続かなくなることも多いのです。

でも、普段の姿勢をよくする、などちょっとしたことを、普段の動作に取り入れるようにすると、習慣化されていきやすいのです。できない時があっても、気づいたらまた取り入れればよいのです。もともと既にやっていることを軸にした方が続けやすいですし、そのうち、それすら無意識にできるようになります。

私の体験談ですが、あるサロンに行った時、「腹式呼吸から胸式呼吸に変えるだけで、体形が変わるよ」とアドバイスされました。私はいつの間にか、お腹を膨らませる呼吸をしていて、肺でしっかり息を吸えていなかったのです。また、お腹の周りが固くなってしまい、脂肪が燃えにくくなっているとも指摘されました。
早速、胸式呼吸を意識すると、すぐに効果が出て、体重が減っていきました。今まで十分に取り入れられていなかった酸素が体に行き渡り、脂肪が燃えたからだと思います。

呼吸は1日に数万回、無意識にしています。その呼吸を「意識化」できると、コントロールしやすくなり、効果を早く実感しやすいのです。
あえてスポーツジムに通う、あえてジョギングする、ですと、普段やっていない行動のため「面倒だな」と思うこともあります。でも、もともとしていたことは、気づいたら意識するだけでよいのです。

余談ですが、10秒ワークも、慣れたら、呼吸のように自然に生活の中に取り入れられるのがベストです。

「あえてやるぞ」と力を入れ過ぎると「できた、できない」に焦点がいきがちです。思い出したら、やってみる、くらいの方が続きます。

無意識を意識化することを続ける効果は、計り知れませんが、この準備ワークの「呼吸を意識すること」のゴールは、「自分自身を感じること」です。ですので、続けることがゴールではなく、「感じること」がゴールです。

◎方法

①目をつむり、呼吸に1分間、意識を向けてください。姿勢を正しくすれば、立っていても、座っていてもかまいません。通勤電車の中でやるのもよいと思います。

②鼻から息を4秒かけて吸い、肺に空気が入っていく感覚を味わってください。

③4秒、息を止めます。

④できるだけ、ゆっくり口から息を吐いていきます。目安は、少なくとも吸う息の倍の8秒以上をかけてください。

これを、1日に、数回意識してみてください。呼吸を通して、自分自身をしっかり感じ、「今、自分は生きている」ことを実感しましょう。

自分自身に意識がフォーカスする時間が増えていくと、自分自身をゆっくり感じられるゆとりにも繋がり、「自分は、本当は何をしたいのだろう」など、心の奥底にあった感情や感覚に気づきやすくなります。

5 ニセモノの食欲に気づくワーク

3つ目のワークの説明です。このワークでは「食欲」を扱いますが、かなり衝撃的なことに気づかれる方もいるかもしれません。

「食べる行為」も、呼吸同様、私たちが生きていくうえで、ずっと続けてきた行為です。ですので、やはり習慣化され、あまりよく考えないで食べていることがあるのです。

「自分の感覚が、あまりよくわかりません」「何をしたいのかもよくわかりません」という方に、私はよく「まずは食欲を意識してください」とアドバイスします。

皆さんは、何となくお昼の時間になったから食べる、皆が食べにいくので何となく、ということ、ありませんか？

というのも「食欲」は、案外ニセモノであることが多いのです。

実際、私はコンビニで、スイーツやお菓子を買おうとした時、「本当にそれ食べたいの？」と自分自身に問いかけてみたことがあります。すると、実は食べたいわけではなく、何となく……ということが結構ありました。

さらに、「本当は何を食べたい？」と問いかけると、実は甘いものではなく、塩分を欲しいと思っていることに気づき、我ながら驚きました。糖分と塩分では、真逆です。それだけ、「これが食べたい」と単に思い込んでいるだけのものがあるのです。

この体験から、私は、よくよく体の声を聴く必要があると思いました。

私の場合「よいコンテンツをつくりたい」という創作の欲求を、食べる行為にすり替えていることに気づき、本当にビックリしました。

そして「本当にお腹が空いていて、本当に食べたいと思うものだけを食べる」ことに意識を集中して、観察し続けた結果、驚くべきことに気づきました。

何と、ほとんどの食欲はニセモノだったのです！

ほとんどの食欲は、別の望みのすり替えだったのです！

実はこれは、私に限ったことではありませんでした。私は仕事柄、「こういうことを実現したいです」という方に多く接していますが、驚くことに、9割近くは、ニセモノの望み、表面的な望みです。

たとえば、お話をお聞きしていくと、「転職したい」という望みの奥に「今の職場の人間関係が嫌だ」という気持ちが隠されている場合があります。すると、本当の望みは「転職」ではなく「人ときちんと繋がる、伝えあう場で仕事をする」である場合が多いのです。

この場合、本人は無自覚なので、一生懸命、転職活動をしても、一向にうまくいきません。「転職しても人間関係がまたうまくいかない」という前提がセットされているからなのです。そこに気づいて、適切な目標に変えると、突然、転職がうまくいく場合もあれば、そもそも転職する必要はなかった、と気づく場合もあります。

その道ではプロの私が、まさか自分が「ニセモノの食欲」に翻弄されていたとは、思いもしませんでした。

と同時に、それほど、「食べる」という行為は、無自覚になりがちだ、ということに気づきました。

私は、前述の呼吸と食欲に意識を向けていくうちに、数ケ月で自然と痩せていきました。

呼吸も食欲も、意識を向けることが、自分の感覚を研ぎ澄ますことに効果がある、と再確認しました。

この一連の気づきから、無意識にやっていたことを意識化できると、主体的にコントロールできるようになることがわかったのです。

これを増やしていくと、ペンタガストリンの実験のように、「自分がコントロールできる領域を増やしていく確実感」が増えていくことにもなります。

◎方法

①何かを食べようとする時、買おうとする時、手に取ってみて、「これを本当に食べたいと思っているのか」、体の感覚に問いかけてみてください。食べているところを想像するのもよいです。

②食べたい！と思えば、そうしましょう。

③もし「あれ、そんなに食べたいわけではないかも」と感じたら「本当は何を食べたいのか」「何かの代わりに、食欲にすりかえているのではないか」と問いかけてみてください。今まで感じなかった感覚に気づくかもしれません。

このワークは、「自分の本当の食欲」「ニセモノの食欲」「本当に食べたいもの」に気づくことがゴールです。

準備のワークを3つ、実際にやってみてどうでしたか？

今まで気づいていなかったことに、少しでも気づけたならば、それだけで認知できる世界は広くなっています。

人生も同じです。繰り返してしまう望ましくない前提があったとしても、準備ワークや10秒ワークを続けていくと、無意識でやっていたこと、鈍感になっていたことを意識化できるようになります。そして、認知できる世界が広がれば、広がった世界の中にある、新しい選択肢に気づけるようになるので、前提を変えていくことができるのです。

次の章から、具体的な10秒ワークのやりかたをご紹介していきますが、時々、この章のワークも並行してやってみてください。

10秒ワークの効果が、さらに高まります。

第5章

未来の選択肢が変わる10秒ワーク

この章では、具体的に、どんなふうに、10秒ワークを進めていくのか、を説明していきます。

10秒ワークには、様々なパターンがありますが、ポイントは3つです。

①いつの自分が
②いつの自分に
③どんな内容を教えるのか

この①〜③を押さえていれば大丈夫です。あまり形式にとらわれずに、感覚を大事にしましょう。

そのために、第4章で準備のワークをご案内しました。

また、10秒ワークには、様々なパターンがありますが、第5章では「4次元的メタ認知能力を高くする」、つまり時間軸で自分を認めて、自己肯定感を上げることをゴールにします。

その目的に合うように、第5章では、ステップ1からステップ2の、2つのパターンをお伝えします。

ステップ1　夜の自分から朝の自分へ情報を教える
ステップ2　人生の分岐点にいる自分へ情報を教える

ステップ1は、どんな人にもお勧めします。ステップ2は、気になる時にだけやってみてください。
ステップ2に関しては「ベストタイミング」があります。この本を全部読み終わり、日常で10秒ワークを試しているうちに、ふとステップ2のワークが気になる時が来るかもしれません。その時が、ベストタイミングです。10秒ワークを続けていくうちに、さらに人生の質を上げる準備ができたからこそ、気になるのだと思います。

人によって進めるペースは様々です。
たとえば、ステップ1を2週間やってから、ステップ2を飛ばして、第6章に進まれるのもよいです。

あるいは、ステップ1を2週間ほどやってみて、ステップ2もやってみたいと思ったら、3日間くらいやってみて、第6章に進むのもよいです。

ステップ1は、すべての基本になりますので、最低1週間はやってみることをお勧めします。

①夜の自分から朝の自分へ教える

1／始まりで終わりのワーク

「夜の自分が朝の自分に教える」は、もっとも基本のステップ1に当たる10秒ワークです。子どもでもすぐにできる、簡単なものです。

しかし、10秒ワークは、これに始まり、最後に辿り着くのもここ、というほどの深さがあります。ここを真剣にやれば、人によっては、この段階で、「前提」が変わるほどです。10秒ワークによって、認知できる世界が広がると、今までとは違う選択肢をとれるようになるからです。

それほど、このステップ1のワークには、多くの要素が入っていて奥行きのあるワークです。実際、このステップ1のワークだけに特化して、真剣に半年~1年続けたら、きっと人生は大きく変わると思います。認知できる世界が広がるので、自然に、第6章の「5次元的メタ認知」も身につくようになっていると思います。

ステップ1のワークには、10秒ワークの本質がすべて詰まっています。

実は私自身が、このステップ1のワークを、今でも、ほぼ毎日、続けているほどです。やるほどに奥深さがわかります。

さらに、第4章でご紹介した準備ワークを、気が向いた時に並行すると、「自分がその瞬間、感じていること」のセンサーが鋭くなって、認知する範囲が広がりますので、効果を高められます。

自分の感覚を意識しながら言語化すると、ただ何となく10秒ワークをするより、「過去の自分に話しかけている感覚」をしっかり持てます。そして、セキュアベースを作っている感覚、安心などを、感じることができるようになります。


この基本ワークは、まさに10秒前後で終わります。慣れたら、テレパシーを送るように、瞬間的にできるようになります。実際、今の私はそうです。また、慣れると「夜の自分から」ではなく、「気づいた時、いつでも」と応用してもよいです。

でも、最初からそうしてしまうと、「できているのかそうでないのか」を自覚しにくくなります。

最初にいい加減にしてしまうと、効果を実感しづらいので、最初のうちは、必ず言語化して「夜の自分が朝の自分に教える」ができているのか、を意識してください。

声に出す必要はありません。

2／具体的なやり方

ステップ1のワークの具体的なやり方を、①いつの自分が、②いつの自分に、③どんな内容を教えるのか、の3つのポイントに分けて説明していきます。

①いつの自分が

1日のほぼ終わりの寝る前、お風呂に入っている時、あるいは仕事を終えてホッとしている時

1日の7割が終わっている夕方以降であれば、「夜」にこだわらなくてよいです。また、職業柄、夜型の方もいらっしゃると思いますので、その方にとっての「1日のほぼ終わり」であれば大丈夫です。

②いつの自分に

その日の朝の自分。夜型の方は、その方にとっての起きた時間。

朝の自分を、イメージするのですが、この時、明確なイメージでなくてかまいません。人は視覚派、聴覚派、体感覚派に分かれますが、視覚派はイメージが得意です。私は聴覚派なので、あまりはっきりイメージはできていません。それでも大丈夫なのです。

「黄色いバナナを思いだしてください」と言われたら、その人なりに、黄色いバナナをイメージできますよね。そのステップで十分です。「はっきりイメージできません」と言って、ストレスに感じるのは、本末転倒です。

この朝の自分は、最初のうちは、タイミングを「固定」してください。

たとえば、朝目覚めた瞬間、ベッドから床に足をつけた瞬間、新聞を取りにいく瞬間など、「どのタイミングの自分なのか」を固定してほしいのです。

理由は後ほど説明します。

ちなみに、「朝目覚めた瞬間」を選択したクライエントさんがいましたが、寝起き

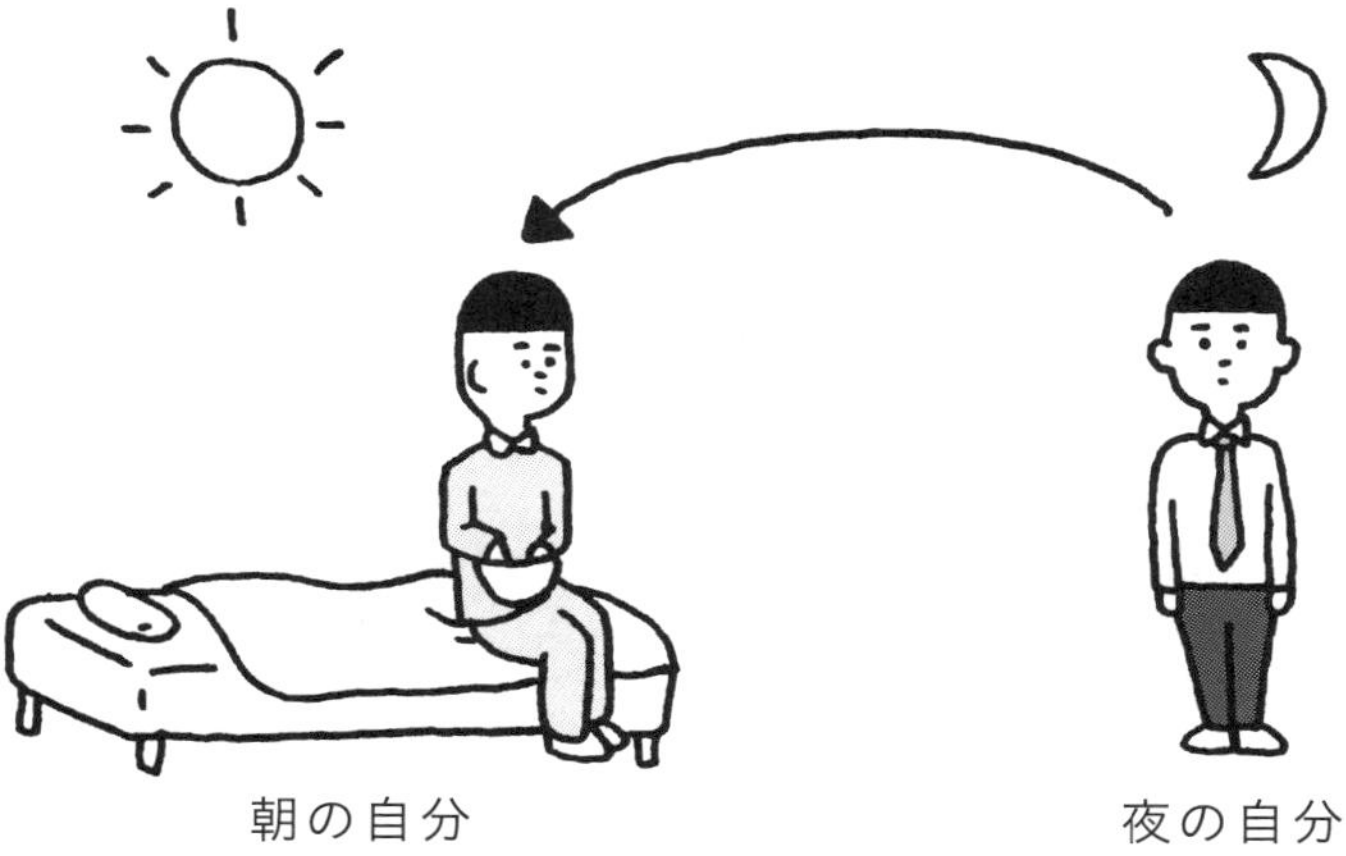

が悪くて、なかなか続かなかったそうです。

ご自分で工夫され、「起きてから10秒間、ベッドに腰掛けることにして、その時の自分に固定するとうまくいきました」と教えてくださいました。この方のように、続けやすいタイミングを探してくださいね。

③どんな内容を教えるのか

大きく4種類に分かれます。

❶単なる事実
❷うまくいったこと、うれしかったこと
❸少しでも成長したこと、気づいたこと
❹失敗やネガティブなことが起きたこと

この4種類をすべて試してみてください。このステップ1の10秒ワークにすべての要素が詰まっていると書きましたが、この4種類をやってみることは、本当に奥が深いからです。

10秒ワークが、なぜ効果があるのかの理由は、ステップ1のワークに、ほとんど含まれています。ですので、ステップ1の解説部分で、ステップ1～ステップ2両方に共通することを書いています。

最初は❶のみを数日間～1週間やってみる、❷～❹は、それ以降、1日に起きた出来事に合わせてチョイスする、という方法をお勧めします。

仮に1ケ月、2ケ月やってみると、❶～❹のすべてのパターンは網羅できるはずです。

「心をこめて」が重要ポイントです。

このステップ1のワークだけで、人によっては「前提」が変わる、と前述しました。

それは、❷～❹のバリエーションに含まれている意図が、深いからなのです。

ちなみに、クライエントさんの中で、朝の自分のお腹にドラえもんのようなポケットがあり、そのポケットに「夜の自分が情報を入れる」というイメージの方がしやすいと言う方がいました。皆さんもその方がよいのでしたら、やってみてください。

次項で、❶〜❹について、具体的に説明していきます。

3／未来が変わる具体的な教え方

❶単なる事実

この❶は、誰でも、今この瞬間からできます。単なる事実ですから、教える内容に困ることがありません。

たとえば、「今日1日、何をしたのか」「どんなことがあったのか」「誰とあったのか」「お昼に何を食べたのか」など、何でもよいので、「事実」を教えてあげてください。

10秒ワークというくらいですから、10秒前後で終わる内容でよいのです。

どんな事実であれ、朝の自分にとっては「実際には体験してない未来の情報」です。

「事実だから大したことない」と思わず、実際に未来を体験した自分が、朝の未体験の自分に伝える、という気持ちが大事です。

想像してみてください。今のあなたに、1週間後の自分、1年後の自分が、「未来の情報」を教えてくれるとしたら、ワクワクしたり、安心しませんか?
今日の朝に、未来の自分が情報を教えている、という感覚で、心をこめて伝えてください。「感覚」が大事なのです。

例
●今日のお昼は、~~を食べたよ。なかなか美味しかったよ。
●今日、会社で~~の仕事をしたよ。~~まで進んだよ。
●夕方に道で、~~さんに会ったよ。元気そうだった。

❷うまくいったこと、うれしかったこと
思いがけず、うまくいったこと、うれしかったことがあったら、朝の自分に伝えてあげてください。

ここのポイントは、「どんな小さな些細なことでもよい」という点です。些細なことに気づける感覚こそ大事です。小さなことにうれしいと思える感覚も、認知の幅を広げてくれますし、幸福に感じるポイントが増えることも意味します。

朝の自分は、よい出来事が起きるのを知らないわけですから、未来の自分から、「楽しみにしているといいよ」という感覚で、心をこめて伝えるとよいですね。

あなたが、もし仮に未来の自分に「1週間後、ものすごくよいことがあるよ。楽しみにしていて」と言われたら、ワクワクしませんか？　きっと、楽しみに1週間を過ごすと思います。

過去の自分をそんな気持ちにさせたい、という一体感を持てるようになると、「未来の自分がいつも応援してくれている」というセキュアベースが作られていきますし、何より安心感に繋がります。

また、1日の中で、何となくやったことが、よい出来事に繋がった、とします。

会社の帰りに、ふと寄り道をすると、偶然にセールをやっているお店の前を通った、という場面を想像してください。

朝の自分は、その日にそのお店に行くことを計画していなかったのですが、帰り道に、たまたまフラリと気が向いて、好きなお店の前を通ったのです。すると、思いがけず、セールをやっていて、欲しかった商品が安く手に入ったのです。

こんな場合は、最後に一言「帰り道、あのお店に寄るといいよ」と未来の自分からのワンポイントアドバイスも加えましょう。

こういうアドバイスを増やしていくうちに、情報に対する感度が鋭くなり、認知できる世界が広がるので、よりよい選択肢がとれるようになります。

例

●今日の電車は意外に空いていた。座れてよかったよ。

●仕事のあの案件、心配していたけど大丈夫だった。リラックスしていればよいよ。

●今日の夕方、~~さんからケーキの差し入れをいただいたよ。美味しかったよ。

●パーティーに出るのが面倒くさいと思っていたけど、一緒に仕事ができそうな人に出会えたよ。今後が楽しみ！

❸少しでも成長したこと、気づいたこと

ここは、最も大事な部分です。いつも思うのですが、本当に多くの人が、自分が少しでも前に進めていること、成長していることを認めていません。人生のすべての悩みは、ここを扱えば変わる、と思うほどです。第2章でもお話ししましたが、うまくいっていることではなく「うまくいかない自分」に意識を向けて責めるクセの方が、案外多いのです。

そして、人間関係の悩みの根源は、「自分が自分を認めていないこと」にあることが多いのです。自分を認めていないと、人も認められず「自分は悪くない、あの人が悪い」という被害者意識にも陥りやすくなります。コミュニケーションも相手を信頼しないものになり、人間関係の悩み、仕事の悩み、パートナーシップの悩みに繋がっていきます。

「少しでも前に進んでいるプロセスにいる自分」を、10秒ワークで認めて継続することは、あなたの人生を動かすほどの威力があるのです。他人と比べるのではなく、昨日の自分を超えることを意識するだけで、「前提」が変わる場合もあります。

自分が昨日より少しでも進んでいることを認めることは、まさに「時間軸で捉える4次元的メタ認知」の本質です。続けるうちに「プロセスを進んでいる自分」をさらに認知できるようになります。

例

- ダイエットだけど、今日は思わず甘いものを買おうと思ったけれど、ローカロリーのヨーグルトに変更できた。工夫ができてよかった。順調だよ。
- 上司にいつも書類のことで注意されてきたけれども、今日は上司の視点が少しわかったのが発見だった。順調に進化しているよ。
- いつも仕事から帰ったら、服を脱ぎっぱなしだけど、今日はハンガーにかけたよ。スッキリしてよかった。今日も順調だよ。
- ずっと先延ばしにしていた、振り込みを今日、終えたよ。実行した自分はえらい。今日も順調だよ。

●嫌いな〜〜さん、意外にいい人かも。あの人なりに、会社のことを考えていることがわかった。ちょっと見方が変わりそう。

❹失敗やネガティブなことが起きた内容

この内容を教えることには、人生をよくしていく鍵が隠されているので、非常に大事です！

「ちょっと失敗してしまったな」「嫌なことがあったな」と思える場面があったら、それも、朝の自分に教えてあげてください。人生において、失敗する場面は、数えきれないほどあります。今後も少なからず起きることでしょう。

多くの方は、失敗やネガティブな感情を引きおこす出来事に対して、積極的に関わろうとはしません。できるなら「なかったことにしたい」という気持ちもあることでしょう。

ところが、実は、これらの出来事は、自分の人生の質を深める学びになり、伸びしろ部分を教えてくれる貴重な機会になりえます。「なりえます」と表現したのは、伸びしろになる可能性もあるけれども、そうはならない可能性もあるからです。というのも、貴重な機会と捉え、「成長する未来」へ繋げられるか否かは、メタ認知能力にかかっているのです。

まずは、失敗した自分、ネガティブに思った自分をそのままに認めることが大事です。そこに評価を加えず、単に「事実」として認めるのです。後述の「認めることで人生は転換する」も参照してください。

そのうえで「共感」してください。たとえば「失敗して悔しかったね」「嫌な気持ちになったね」と、抱いた感情に寄りそうのです。

これだけでも、伸びしろに転換される可能性があります。

想像してみてください。仮に、今のあなたが、大失敗して落ち込んでいる時、未来のあなたが「今、失敗して落ち込んでいるんだよね」と寄りそってくれたら、どうでしょうか。

自分のことをわかってくれる人がいる、というだけで、人は癒され、安心します。

脳科学的には、オキシトシン、セロトニンといった幸せホルモンが出るので、リラックスできるようになります。

そのうえで、もし仮に、他の選択肢が思いつく場合は、教えてあげてください。思いつかない場合でも、「未来の自分が応援しているからね」という共感の言葉でも十分です。

この「未来の自分が応援している」という言葉が、過去の自分に話しかけているようで、実は、「今この瞬間の自分」が癒される効果があるのです。結果的に、安心感に包まれ、不安や焦りの感情に足を引っ張られにくくなります。すると、その後、似たような失敗をしたとしても、この安心感を思い出すことで、軌道修正するのが早くなります。

たまに「他の選択肢が思いつかないので、責めてしまいます」とおっしゃる方がいるのですが、その心の癖こそ「自分はダメな存在だ、という前提」がセットされている証拠、とメタ認知するとよいのです。

自分を客観視できると「あえて」今、自分を責める選択肢をとっている、と気づけます。気づいて認めただけで、認知している世界が広がります。

なぜなら、「あえて、自分を責めている」と認知するということは「あえてやっているなら、逆に、自分を責めない選択肢もあるな」と気づける可能性が高くなるからです。この一瞬で、「前提」が変わることもあります。

例

●今日は夕方から雨が降ったよ。傘を忘れたので、失敗したと思った。持って行った方がいいよ。

●今日の電車で、寝過ごしてしまって焦ったよ。今度は、1つ前の駅で、未来の自分から合図を送るよ。

●今日、上司に注意されたよ。ショックだったけど、確かに取引先への確認は大事だと思った。次に活かそう。

●こんな失敗をして、自分を責めた。でも、今こうやって言語化したから、次は必ず確認できる。気づけたから大丈夫。

●今日、友人と言い合いをしてしまった。ムカついた。ただ、自分も感情的になり、相手を否定してしまったな。今度、謝ってみるのもありかも。

4／なぜ「朝の自分」を固定するのか

さて、ステップ1の10秒ワークは、「朝の自分」に教えます。さらに、最初のうちは固定化する方がよい、ともお伝えしました。

一体、なぜでしょうか。ここは大事ですので、ぜひ体感してほしいと思います。

ちょっと想像してみてください。

仮に、あなたが、「朝起きた瞬間の自分」を固定化して、今日起きた出来事や感じたことを、夜のあなたから教えることにしたとします。そして、実際に1週間～2週間、このワークを欠かさず、心をこめてやったとします。すると、ある日の朝、目覚めた瞬間のあなたは、こんなことを思うのです。

「今日の夜の自分は、一体どんなことを教えてくれるのだろう」

つまり「今より未来の自分の存在」を、何となく感じるのです。「何となく」がポイントです。明確に、「今この瞬間、未来の自分がいる」という確信の感覚は、さすがに私もありません。

この感覚は、どの瞬間の朝の自分に教えるのか、ピンポイントに固定しているからこそ得られます。

毎日習慣として続けることで、「今晩の自分が、朝の自分に『その日起こったこと』を教えてくれる」という脳内シナプス（神経回路）ができあがります。

そうなると、朝目覚めた時に「夜の自分は、何を教えてくれるかな？」と、自然と「未来の自分の存在」を感じられるようになります。この状態が日常的になることが、ステップ1のワークのゴールの1つです。

この感覚は、個人差があって、一概に「何日目にこの感覚が得られます」とは言えないのですが、心をこめてやった人は、100％この感覚を得ています。

早い例では、何と小さな子どもの場合、「その瞬間」から、未来の自分がいる感じを得た事例がありました。

さすがに大人はもっと時間がかかりますが、早い方で次の日など、1週間以内に感じる方が多いです。

続けていくと、未来の自分がいつも自分を見ていてくれる眼差しを感じることができるようになります。

さらに、「夜の自分は何を教えてくれるのだろう」と期待すると、こんな現象が起きます。夜に教えるのは、他でもないあなた自身です。

ですので、1日の中で「今日の夜は、これを朝の自分に教えようかな」と思える場面が増えていくのです。「夜に教えること」を前提に時間を過ごすので、認知の幅が広がります。

その結果、今までよりも、1日を丁寧に生きるようになるのです。そして、昨日の自分よりも「少しだけ成長した自分」にも気づきやすくなります。

この感覚をできるだけ早い時点で得られると、モチベーションも上がります。より丁寧に1日を過ごすようになります。気づきも増えていきますし、少しでも変化している自分を見逃さなくなります。

その結果「時間軸で自分の成長を認める、4次元的メタ認知能力」が高くなります。

この感覚を得るために、最初は、どの朝の自分なのかを「固定化」することが大事なのです。「未来の自分が、今の自分に何らかの情報を教えてくれるかも」という感覚が完全に根付いたなら、朝のタイミングを固定化しなくてもよいです。

大まかに「朝」であれば、いつでもよいですし、そのうち「朝」である必要もなくなります。


私の養成講座で学ばれている、自然療法を行っている奥敬子さんという方がいます。奥さんが、79歳のクライエントさんに、「1日の終わりに朝の自分に報告する形の10秒ワーク」をお伝えしたそうです。すると、1ケ月前後で、大きな手ごたえを感じられた、とご報告くださいました。

雰囲気が明るくなり、自分から人に話しかけることをあまりしなかったのに、気軽にできるようになり、人からもよく話しかけられるようになったそうです。直感も鋭くなっているようで、ご自分に必要な情報をどんどんキャッチできるようになり、自然療法との相乗効果が出たそうです。ご自分への労いの言葉も出てきていて、自己肯定感も上がった結果、自己治癒力が今まで以上に働くようになったのではないか、とのことでした。79歳の方が、「私、まだまだ成長できるような気がしてきたの」とおっしゃっているそうで、本当に素晴らしいと思います。

また、80代の男性で、講座を受講された方が、「私は10秒ワークを続けた結果、未来を信じられるようになりました」とお話しくださり、私が感激したほどです。いくつになっても「成長し続ける自分を信じられる」のは素敵なことですよね！

5 言語化で自分ゴト意識になる

朝の自分に、今日の出来事を教える時点で、言語化します。言語化する時点で「あるがままの自分」を認めやすくなります。うまくいったこと、自分が感じたこと、失敗経験も含め、「あるがままの自分」を言語化する習慣があると、メタ認知の範囲が広がります。

なぜなら、そもそも、言葉によって認知できる世界はつくられます。たとえば、あなたが「プリンター」という言葉を知らなければ、あなたの世界の中に、プリンターは存在しないも同然です。物体として見えているかもしれませんが、意味づけができないわけで、あなたの世界に何の意味ももたらしません。

言語化は、思考や感覚の中に漠然とあるものを特定して、意識化することで、自分を取り巻く世界への見え方を変化させていく効果があるのです。

ですので、10秒ワークを通して、言語化を意識的にすることによって、認知の範囲が広がるのです。

日記も言語化することで客観視できますが、「過去の自分へ教える」という視点を1つ入れるだけで、「もう一人の自分を客観視する感覚」がより五感で得られやすいのです。

客観視できると、「別の選択肢をとってみよう、という気持ちになりやすい」です。

これは、過去の自分に教えることで、主体的（自分ゴト）になり、感情が動きやすくなるからです。しかし、日記だと事実を客観的に羅列するという記録を目的にしているため、感情が動きにくいです。この自分ゴトの意識状態の時に、私たちの脳はインプットした情報を最大限有効活用しようとします。

私の経験上、五感が敏感になり、普段気づかないことにも気づきやすくなります。いわゆる「アンテナが立つ」状態になり、自分に必要な情報をキャッチしやすくなるのです。

世間では、引き寄せの法則というのがブームになっていますが、これは、自分ゴトの意識状態になった時に起こるものだと私は捉えています。

いずれにしろ、日記形式ではなく、過去の自分に「教える」という感覚で言語化することが、ここでのポイントです。

この自分ゴト意識の状態の応用例です。

前項で、「朝を固定化する」目的は、未来の自分が何かを教えてくれる感覚を得るため、とお話ししました。ですので、この感覚が根づけば、「朝」である必要もないのです。

何かを伝えたい特定の時点に、伝えてもＯＫです。たとえば、あなたが出かける時に、家に財布を忘れてしまい、駅に着いてから気づいたとします。すると、焦っている感情、財布がカバンにない状態、駅の風景など、五感が敏感になっています。

「財布を忘れると不便だ！」と自分ゴト意識になっている瞬間を逃さないでほしいのです。家を出る直前の自分に、「財布を忘れているよ」と教えるのです。自分ゴト意識で「言語化すること」によって、意識に上ります。

すると、次に出かける時に「財布は持ったかな」と意識するように、確認を怠らなくなります。これも、言語化によって、認知できる範囲が広がり、別の選択肢をとれるようになるからです。


別の選択肢をとれるようになると、時間軸を伸ばして「今までの選択をとっていた自分」から「別の選択肢をとれるようになった自分」を認められます。これが４次元的メタ認知能力を上げていることになります。

6／子ども軌道修正が早くなる

言語化によって、自分ゴト意識になった結果、別の選択肢をとれるようになるということは、うまくいかないことの軌道修正を早くする、という側面もあります。

たとえば、10秒ワークで「今日、人に誤解されて、ガッカリしたことがあった」と、朝の自分に教えたとします。「人に誤解されたこと」が、ガッカリする理由だと言語化したのです。

言語化によって、何となく感じていることが明確になったのです。明確になった途端、あら不思議。

修正する箇所にフォーカスできるようになり「じゃあ、変えてみようかな」と思えるのです。そして、「では、誤解されないようにするには、何か方法があるかな」と、脳が別の選択肢を探し始めるのです。

その結果、誤解されない言葉の例を、偶然に人との会話で発見できるようになる、あるいはネットなどで必要な情報を拾いやすくなります。言語化せずに、ただ、モヤモヤして嫌な気分だった、と曖昧にしておくと、また同じことが繰り返される可能性があるのです。

小さな子ほど、重大な人生の悩みがない分、この言語化による効果は早いと思います。

10秒ワークをどのように応用して、子どもの行動を軌道修正したのか、わかりやすい事例をご紹介しましょう。

4番目の甥っ子が、小2の時、こんな事例がありました。朝起きた後、眠くてぐすぐずしてしまい、ソファーで二度寝してしまうことが習慣化していました。

この子は、1回、10秒ワークをやっただけで、次の日から、ぐずぐずしないで、サッと起きて行動を始めました。

一体、どんなふうにワークをしたのでしょう。

夜、私はこんなふうに言いました。手をマイクの形にして、「ちょっと、インタビューさせて」と話しかけました。

「今日の朝、ソファーで二度寝してしまった自分に、今の自分から、何か話しかけてあげて」と言いました。

すると、自然にマイクに向かって「今日、起きて眠かったから、またソファーで寝てしまったよね」と、朝の状況を言語化しました。おそらく、この子の頭の中では、朝のぐずぐずした感覚、本当は起きないといけないのに、などの感覚が、自分ゴト意識になったと思います。

この時、一切、ジャッジせずに聞くのがポイントです。

その後、続けて「そうだったんだ。じゃあ、今の自分は、明日はどうしたいと思っているのか、教えてあげて」と言いました。

すると「明日は、起きたら、すぐトイレに行って、学校に行く準備をしたいと思っているんだ」と言います。

すかさず「へぇ〜。そうなの。きっとできるね」と私は言いました。

次の日、この子は、起きたと思ったら、今までにない素早さで行動しました。1回の10秒ワークで、ぐずぐずするクセが直ったのです。

今まで、どれだけ言っても、眠さに負けて、実際、体がフラフラしていたのにもかかわらず、です。

なぜこんなに効果がすぐ出たかというと、子どもが自分ゴト意識で言語化して、現状を認め、自分で「明日は起きたら、すぐにトイレに行く」と選択しようとしたからです。

そして、その選択を私によって承認されたからです。

多くの場合、お母さんは、ついつい「寝坊してダメだったじゃない」「明日はこうしたら」と言いたくなるのですが、それでは「子どもが言語化して、自分で認める」「自分で決める」ことにはなりません。押しつけになってしまいますし、子どもを自分の思う通りに動かそうとする気持ちの表れともいえます。自分ゴト意識で、選択をすることに意義がありますので、その選択を親が決めない方がよいのです。

「親の言う通りにしないと」という気持ちでいると、主体性が育たなくなってしまいます。効果があっても「やらされ感」があるので、一時的で終わるはずです。

もっとも、このような子どもの事例の場合、最初は「明日はどうしたいのか」を聞いても、出てこない場合もあるかもしれません。そんな場合は、無理に誘導したりせずに、「今朝の状態を客観視して言語化する」だけで十分です。子どもを信頼していくプロセスを体験することで、お母さんが成長できます。

自分ゴト意識で選択したことは、実行したい、と思うものです。そのプロセスにいることを信頼してあげることが最大のポイントです。

7／主体性は子どもの可能性を伸ばす

10秒ワークを、子どもにどう使うのか、の具体例をもう1つお伝えします。

言語化によって別の選択肢をとっていく経験をすると、主体性が生まれます。自らの力で人生を変えていける、という感覚が自然に身につくからです。

第3章でペンタガストリンの実験について挙げました。

自分でコントロールできる領域を増やす確実さが、自分に対する信頼に繋がる、というお話でした。主体的になり、自らの力で人生を変えていける、という感覚も、これと似ています。

主体的になると、人生に対する積極度、自分への信頼が向上していきます。

もちろん、子どもにも効果があります。子どものうちから主体性が身につくと、自分で選択するということに対して自信を得ることができます。自信がつくと、親がガミガミ言わなくても、自ら興味の赴くままに、勉強をする喜びを感じることができるようになります。

たとえば、3番目の甥っ子は、ＡＤＨＤの要素がある、と言われていました。幼稚園の時、あまりにも他の子と違う行動をとり、協調性がないので、注意されることが多かったといいます。

ところが、ある時、素晴らしい先生が、「〜〜君は個性的な子ですので、そこを伸ばしていきましょう」と他の先生に言ってくださいました。

たとえば、列に並ぶ時には、必ず先頭にして、主体性を実感できるようにしたのです。

その結果、甥っ子は、今まで周囲から注意ばかりされていたのに、自分の選択、行動を認めてもらえるようになったことで、自信が持てるようになりました。


もし、周囲の子と同じ行動をしないと注意する、という教育のままだと、きっと「自分はダメな人間だ」と小さい頃から刷り込まれていったに違いありません。

たとえば、あなたも会社で何をするにしても、注意ばかりされるという状況に陥ったら、どうなるでしょう。大人でも自信喪失してしまい、周囲の顔色を窺って、能力も十分に発揮できなくなるのは想像できると思います。

これを小さい頃からされているとしたら……「自分はダメな存在」という前提を、周囲の大人によって、セットされてしまうことを意味します。


甥っ子は、小学校に行っても、やはり他の子とは違う行動をとることが多かったそうです。

でも、母親が「この子の個性を尊重してください」とすべての担任の先生に言い続けたそうです。

授業参観に行くと、小1の時は、皆が前を向いている時に、一人だけ横向きに座っていたそうです。誰かが消しゴムなどを落とすと、サッと素早く忍者のように拾い、授業中はずっと落とし物を拾うことに集中していました。

小2の授業参観の時は、皆が親に見られて緊張している中、鼻くそをほじり、食べては眠る……を繰り返していました。

小3の授業参観の時は、手に雑巾を持ち、授業中ずっと、クルクル回し続けていました。濡れている雑巾を乾かすことに、専念していたそうです。


実は、この甥っ子は、小3から10秒ワークを始めました。毎日ではないですが、兄弟と一緒に少しずつやっていくうちに、主体性がさらに身についていったようです。10秒ワークで過去の自分にアドバイスを教え続けるうちに、そのアドバイスを未来に向けて活かせるようになっていったのです。

たとえば、「夕飯の前、ヒマだからってごろごろしてマンガを読んでいたよね。その時間に宿題をやっておくと、寝る前にあわててやらなくても済むよ」というアドバイスをした日がありました。すると、翌日、同じ場面で、マンガを読まずに自ら宿題をやったのです。

さらに、その夜の10秒ワークで、宿題をやった時の自分をほめると、その翌日も同じように、進んで宿題をやりました。

このようにして、主体的に勉強するクセが少しずつついた甥っ子は、小4になる少し前から、急に勉強が面白くなったようです。小学校から帰ると、自ら勉強を始めるようになりました。目をキラキラさせて「俺、最近、勉強が楽しくなってきた」と言うようにもなりました。

小4の授業参観の時には、初めて、授業に集中していた、と母親が感動していました。幼稚園の先生、母親の信頼の土台がありきの話ですが、10秒ワークによって、「自分のやりたいことをできる自分」という感覚は、確実に身についたと思います。

「勉強をしなさい」と注意ばかりしていたら、義務に感じてしまい、いつの間にか「〜べき」に縛られてしまいます。

長い間、義務感に縛られ続けると、本当にしたいことがわからなくなっていきます。

この延長線上で大人になった、と感じる人は、結構多いです。そして「今の仕事が楽しくない」「かといって、転職はいいところないし……」と、現状を変えることができずに、時が過ぎていくのです。

子どもの時から主体性を身につけることは、思っている以上に、どんな人の中にもある、いくつもの宝の可能性を最大限に伸ばしていく効果があるのです。

8 「認める」ことで人生は転換する

10秒ワークには、様々な効果がありますが、その理由は、言語化して「認める」行為が入っているからです。

私は、多くの方のコンサルをしていて、ほとんどの人が「認める」ことの価値を、ないがしろにしている、と感じます。真に「認める」だけで、大人でも、一瞬で「うまくいく前提」に変わった方を、たくさん見てきましたので、断言できます。

何を「認める」のかが大事ですが、これは、自分のうまくいかない事実、パターンを認める、という意味です。10秒ワークでいうと、過去の自分に伝える4種類の内容のうち、❹の「失敗やネガティブなことが起きたこと」に該当します。

先ほどの、朝ぐずぐずしていた甥っ子が、「起きて眠かったから、またソファーで寝てしまったよね」と言語化したことは、まさに、この「認める」です。

事実を事実として認めています。

きちんと認めきることで「じゃあ、明日は起きようかな」と、未来の選択に、きちんと「自分の意思の力」をこめられるのです。ここで、親が「ダメでしょ！」と怒ったりすると、親の意思が入ってしまいます。

この「認める」の効果は、おそらく皆さんが思っているより、少なく見積もっても数倍以上の効果があります。大人でさえも、何度も繰り返している「うまくいかないパターン」を、きちんと正面から「言語化して認める」ことで、アッサリと繰り返さなくなる場合が多いのです。認知できる範囲が広がり「では、もうそのパターンはやめよう」、と今までとは違う選択肢を選べるようになるからです。

真の「認める」には、それほどの威力があります。

第6章で後述する「自分の本当の気持ちに気づく」ことは、自分が自分を認めてあげることを意味します。その結果、はじめて、真に人のことを理解しようとする余裕ができ、人間関係が変わります。

「認める」ことをせずに、みせかけのプラス思考でごまかしたりすると、その経験を活かしきれずに、また似たようなことを違う場面で繰り返してしまいます。認めきっていないので、心のどこかで、失敗への未消化の恐れや不安を抱えたままになり、この感情が、足を引っ張ります。何かをする時に、「うまくいかないパターン」を発動させてしまうのです。

もっとも、正面から受け止め、「認める」には、セキュアベースが育っている必要があります。多くの場合、なぜ正面から認められないかというと、根底に「恐れ」があるからです。認めてしまうと、自分の存在価値が崩れてしまう、という恐れです。大人になるほどに、様々な失敗経験が積み重なっているので、この恐れが蓄積されているのが通常です。

でも、10秒ワークを続けて、過去の自分に情報を教えていくうちに、自分を受け入れる「もう一人の自分の存在」がセキュアベースとなっていくので、安心してください。その準備ができた時、一番認めたくないことを認め、過去の自分に「今の私が認めたから、もうあなたは大丈夫」と伝えればよいのです。

もっとも、「朝、ぐずぐずしてしまう」程度のパターンは、セキュアベースを育てなくても、言語化で「認める」だけで、すぐに望ましい選択へ転換されていきます。

②人生の分岐点にいる自分へ情報を教える

1 具体的なやり方

ステップ1の10秒ワークを、❶～❹のパターンで、丁寧に進めるだけで、十分に効果があります。そして、慣れると、朝の自分にこだわらずに、自分ゴト意識になれる時に伝えてよいこともお伝えしました。

ステップ2では、ステップ1よりも過去の自分に、情報を教えます。鍵は「人生の分岐点にいる自分」に「どんな内容を教えるのか」です。まとめると次のようになります。

①いつの自分が‥今の自分が
②いつの自分に‥人生の分岐点にいる時の自分に対して
③どんな内容を教えるのか‥
●これまでの道のりを認める
●分岐点の時の感情を認める
●(他の選択肢が思い浮かぶ時は)～～という方法もあったと思う。
＊順不同でOKです。
●そのうえで最後は、「でも、未来の自分から振り返ると、実はすべてがベストだった、とわかる」「だから、それでいいんだよ」と承認する。
さらに「これを認めたので、もう前に進もうと思う」と未来への言葉を伝える。
＊特に、後悔の気持ちが大きい場合には、最後の承認と未来への言葉を必ず伝えてください。特にそういう感情がない場合は、省いてもよいです。

「人生の分岐点」は、人それぞれですし、解釈の幅も様々です。
たとえば、今、あなたに、何かうまくいかない出来事が、長期的に起きているとします。それは、過去のある時から始まっています。そのある時が「人生の分岐点」です。

この過去は、数ケ月前から、数年前、あるいは、3歳などの幼い時まで含まれます。

あなたは、その分岐点での選択が間違っていた、と思えるかもしれません（実際は、成長ポイントを教えてくれるのですが）。

あるいは、その分岐点の時の自分の期待通りになっていない現実に嫌気がさしているのかもしれません。

あるいは、まだ十分な言葉を持たないまま、大人に何かを言われ、無力な自分を感じてしまった、過去のトラウマが、今もなお、影響している場合があるかもしれません。

でも、そんな選択や出来事にこそ、「人生を転換する宝」が隠されているのです。

その選択や出来事そのものをまず「認める」。それが大事です。さらに、その時の自分の感情も「認める」のです。未来の自分は（過去の自分から見ると）、かつてその感情を味わった存在でもあります。その感情がわかる唯一の理解者である未来の自分が、その時の感情に共感し、寄りそって、認めることで、ようやく、過去の自分が「理解された」と感じるのです。人によっては「許された感覚」になる場合もあるでしょう。ずっと過去の自分を責め続けていた場合などです。

そこではじめて、「その分岐点から現在までの時間軸の中で、懸命に生きてきた自分の存在そのもの」に光が当たるのです。自分を肯定することに意識が向きはじめます。

今、あなたがどんなに「うまくいかない」と思っていたとしても、分岐点から今の瞬間までの時間軸を認めることで、「過去」と「現在」が自己肯定感の線で繋がりはじめます。そして、「現在」から「未来」までもが、自己肯定感の線で繋がっていくのです。

多くのうまくいかないパターンの原因は、過去と現在を（無意識に）分断させていることにあります。過去を否定しているので、その積み重ねである「現在の自分」との間を分断してしまおうとするのです。これは結果的に「現在の自分」を否定していることになります。

そんな状態で、未来を描いても、「否定している自分」が前提の未来になってしまいます。

時間軸の中で置き去りにされている「過去の自分」を認め、救い出せるのは、未来のあなた自身なのです。

2 未来に進む力に転換する言葉

ステップ2は、「どんな内容を伝えるのか」が、かなり重要です。特に後悔していることがあれば、なおさらです。

そこで、どんな言葉を、分岐点の自分に伝えるとよいのか、詳細な例を挙げます。

たとえば、今、あなたの仕事がうまくいっていないのは、3年前に、ある人と仕事をするという選択をしたことが理由だ、と思っているとします。この場合、分岐点は、3年前のその選択をした時です。

その時の自分に向かって「あの時、〜〜という選択をしたよね。それは、その選択をすると、もっと仕事が得られると思ったからだよね。仕事、うまくいきたいと思っていたよね」「ただ、その選択によって、半年後、〜〜な目にあってしまうんだよ。その時、悔しく思ったんだ。今でも後悔することがある」と事実を認め、感情を認め、共感します。

このような場合、3年の中で、「本当はどうすればよかったのか」もわかっている場合も多いと思います。

その時は、こう伝えます。「未来の自分からすると、〜〜さんと仕事をしなければよかったと思うこともある。〜〜という方法もあったと思う」

さらに、この3年間の道のりを伝えます。

「この3年間、必死に取り戻そうと、頑張ってきたよ。思うように結果が出なくて焦る時もあったけれども、トラブルをきっかけに、〜〜ということに気づけたよ」など、学びも教えます。

このような事例では、後悔の気持ちがあると思いますので（既に、悔しい、後悔しているという気持ちを言語化している前提です）、最後の言葉を必ず付け加えてください。

「でも、今、未来の自分から振り返ると、実はすべてがベストだった、とわかる」「だから、それでいいんだよ」と承認するのです。

そのうえで「今、こうやって、私は認めました。だから、前に進もうと思う」という決意を、未来の時間軸へ放ってください。

今この瞬間、「それでいいんだよ」と思えないなら、加えなくてもよいです。前述したように、「認める」ことで既に絶大な効果があります。

本気で、その時の悔しさを言語化して、認めるのです。「言語化」は絶対に外せません。何となく「悔しかったな」とぼんやりと描くのは効果がありません。

しっかりと、「～があって、～だと感じたので、悔しいと思った」と文章にして、言葉で表現しましょう。その時、初めて、「過去」と「現在」の間で分断された時間軸が繋がり、未来へ進む力に転換されるのです。未消化の感情が完了できるのです。

失敗は「責める」のではなく「受け止め、認める」のです。認めることで、自己防衛しなくなります。多くの場合、責めるので、防衛本能が働き、かえって問題の本質を見ないようにしてしまうのです。その結果、なぜか同じ失敗を繰り返す、という悪循環になります。

ネガティブな出来事も認めきると、未来に進む力に転換されます。本気で「言語化して認める」の効果は大きいので、ぜひやってみてください。

3／たった1週間でピアノがうまくなった事例

ステップ2は、扱う時間の幅が広いので、事例を挙げて説明していきます。

私のクライエントさんに、ピアノの先生である加奈子さんという方がいました。ピアノの生徒さんに、50歳の方がいて、40歳の時から10年習っているそうです。

大人になってからピアノを始めたので、なかなか思うように上達しなかったようです。それでも、その生徒さんなりに、一生懸命、「早くうまくなりたい」と思いながら、通っていたのです。

加奈子さんが、この生徒さんに10秒ワークを1回試したところ、驚くべき結果が得られました。

具体的には、生徒さんは、練習しているドビュッシーのアラベスクという曲が、完成せずに半年経っていたそうです。そこで、加奈子さんが、10秒ワークを試した結果、1週間後、別人のように上達して、突然、流暢に弾けるようになったそうです。しかも、楽譜を見ないで弾けるようにまでなったというのです。長年、多くの生徒さんにピアノを教えてきた加奈子さんは、生徒さんのピアノを聞きながら、「こうも見事に変化するのか」と、ダイナミックさに感動したそうです。

一体、どんなふうにワークをやったと思いますか？

加奈子さんは、こんなふうにアドバイスしたそうです。

「〇〇さん、習い始めた頃の10年前の自分に、ドビュッシーの曲を練習するまでに上達したよ、と教えてください。それと、この曲を弾こうと決めた半年前の自分にも教えてください」

つまり、人生の分岐点2ケ所に対して、ステップ2の10秒ワークを行ったのです。

一ケ所は、10年前のピアノを習い始めた時の自分に、もう一ケ所は、半年前、ドビュッシーの曲を決めた時の自分に、です。

生徒さんは、早速その場でやってみました。

その後、「あの頃に比べると私、上手になっていますよね。それもそうですねー」と言って、何か納得している感じだったそうです。

この生徒さんは、はじめて「自分が上達したこと」を自分ゴト意識で認めたのです。


そして1週間後、突然うまくなっていた、というわけです。

この方の結果が出たのは、10秒ワークの本質からすると、不思議ではありません。

次はプロセスの解説です。

①まず、現在の自分に対して「ピアノがうまくならない」と否定していました。
②でも、分岐点一ケ所目の10年前の自分の気持ちに共感しました。
「10年前、大人になってもピアノが弾けるようになりたいと思って、勇気を出して習い始めたんだよね」という感じです。

分岐点の自分の感情を、そのまま認めたのです。

③そのうえで、この10年の道のりを、未来の自分から教えました。
「10年で、楽譜も読めるようになったし、ドビュッシーの曲にチャレンジするまでになったんだよ」

少しでも前に進めている、あるいは成長している自分を、言語化によって認めたのです。
④さらに、分岐点二ケ所目の半年前の自分の気持ちに共感しました。
「半年前、こういう気持ちで、ドビュッシーの曲を弾きたいと思ったんだよね」

少しでも前に進みたい、という自分の感情を、そのまま認めたのです。
⑤そのうえで、この半年の道のりを、未来の自分から教えました。
「半年で、ここまで弾けるようになったんだよ」

やはり、ここでも、少しでも前に進めている自分を、言語化で認めたのです。


生徒さんが結果を出した理由は2つです。

1つは、「時間軸の幅の中で、実は成長していた自分」を認めたことです。4次元的メタ認知をしたのです。

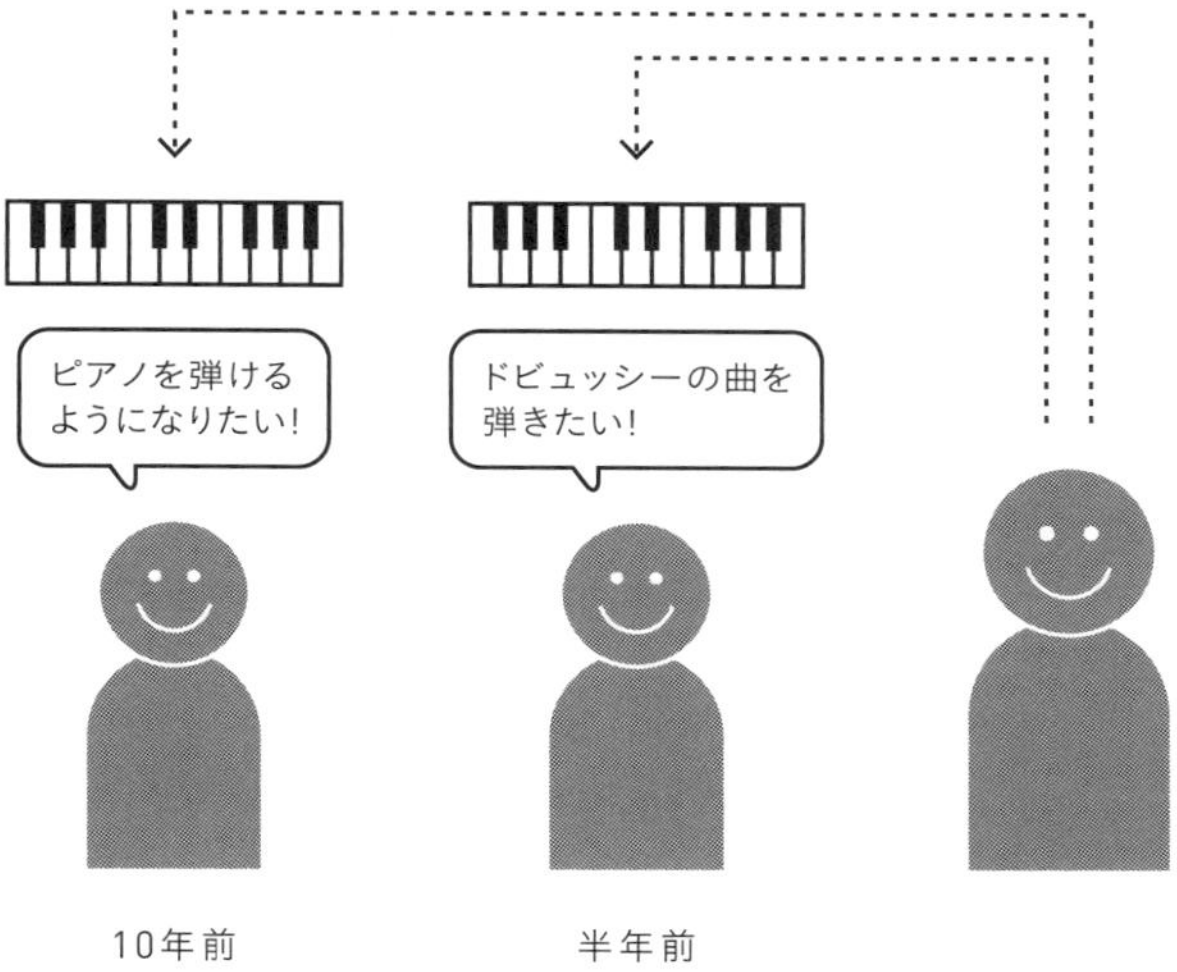
ピアノを弾けるようになりたい!
ドビュッシーの曲を弾きたい!
10年前
半年前

「点」で見ると、なかなか上達しない自分、と思ってしまいますが、時間軸の幅で捉えると、「ここに来るまでのプロセス」をしっかり認められたのです。

10年前は、楽譜すら読めなかった自分が、今は読めるようになったし、指が動かなかった自分が、今こんなふうに、たどたどしいながらも、弾けるようになっている。

10年、半年の時間の幅でみたら、1ミリどころか、ずいぶんと前に進んでいる。そう思えたのです。

この時、「過去」と「現在」との間の分断されていた時間軸が、繋がったのです。

もう1つは、2つの分岐点の純粋に「うま

くなりたい！」と願っていた感情を認めたのです。

この感情を認めてあげることで、現在の自分の中にもある純粋な「うまくなりたい」という感情を認められたのです。

時間軸の「過去」と「現在」を繋げたからこそ、純粋な感情が「未来」にも伸びていったのです。

そして、たった1週間で上達し、暗譜までできた、というわけです。

「認める」ことの偉大な価値は、前述しましたが、この生徒さんは、10秒ワークで「認める」を駆使したといえます。

脳科学的には、暗譜をしてピアノを弾けるようになるには、運動野が働く必要があります。運動野が働くには、頭頂葉がリラックスして、運動野と連携をとる必要があります。

おそらく、生徒さんは、なかなかピアノが上達しない自分に苛立ち、頭頂葉が緊張状態にあったと思われます。でも、10秒ワークで、これまでの成長を認めてあげたことで、「現在の自分」が安心し、頭頂葉がリラックスしたのでしょう。そのため幸せホルモンである、オキシトシンの分泌が増えたと考えられます。

その結果、運動野と連携をとり、暗譜ができたのだと思います。

4／今までの人生を認めると、未来が変わる

さらに、後日談があります。この生徒さんは、ドビュッシーの曲がアッサリ弾けるようになったので、次にショパンのノクターン遺作を練習するようになったそうです。

今までと違うのは、素直に加奈子さんのアドバイスに耳を傾けるようになったことだそうです。今までは、早く弾けるようになりたいために、基本であるエチュードをおろそかにして、とにかく弾けるようになりたいと焦るだけだったそうです。

でも、10秒ワークを行って以来、宿題として出る単純なリズム練習も、やってくるようになったそうです。自分を客観視できるようになり、その上で今必要な練習をしてくるので、加奈子さんは、以前より教えるのが楽になりました。

生徒さんが急にうまくなったのは、「うまくなるプロセス」を信じられるようになったからです。10秒ワークによって、時間軸の中でのプロセスを実感でき、その結果、1週間で上達できました。

このことが自信にもなり、過去と現在がしっかりと繋がり、その先にある「ピアノがうまくなっている未来の自分」を信じられるようになったのです。

だから、今まで疎かにしていた、地味な基本の練習に取り組む意欲が湧いてきたのです。

実際、この生徒さんは、10年間、少なくとも練習をしてきたはずです。そうでないと、ドビュッシーの曲にまで進めません。ただ、自分の理想と現実に距離があり、それで焦っていたのです。

でも、10秒ワークで、「過去」と「現在」をしっかり繋げると、それまで積み重ねてきた「リソース（練習してきたこと、楽譜を読めること、うまくなりたいという気持ち）」が、最大限に発揮され、活かしきれるようになりました。

そうなのです。今までの人生を言語化で認めた時、自分でも無自覚だった、自分だけのリソースが、未来に活かされていきます。4次元的メタ認知で、時間軸をどんどん伸ばしていくと、それまでの道のりを認めた分だけ、未来の可能性の幅は広がります。

5／未来の自分が応援してくれる安心感

時間軸を伸ばして、自分を認める効果について、お話ししてきました。10秒ワークは、未来の自分が(過去から見たら)、過去の自分を応援し続けるワークです。

潜在意識は、過去・現在・未来の区別がつかないといわれていますので、その体験を通して、今の自分もまた「未来の自分」に応援されている、という感覚が得られるようになります。時間軸が未来と繋がりだします。

どんな時も、自分を応援し続けてくれる存在がいる安心感。それがセキュアベースをつくっていきます。この安心感があるので、どんなに失敗しても、必ず「成長して

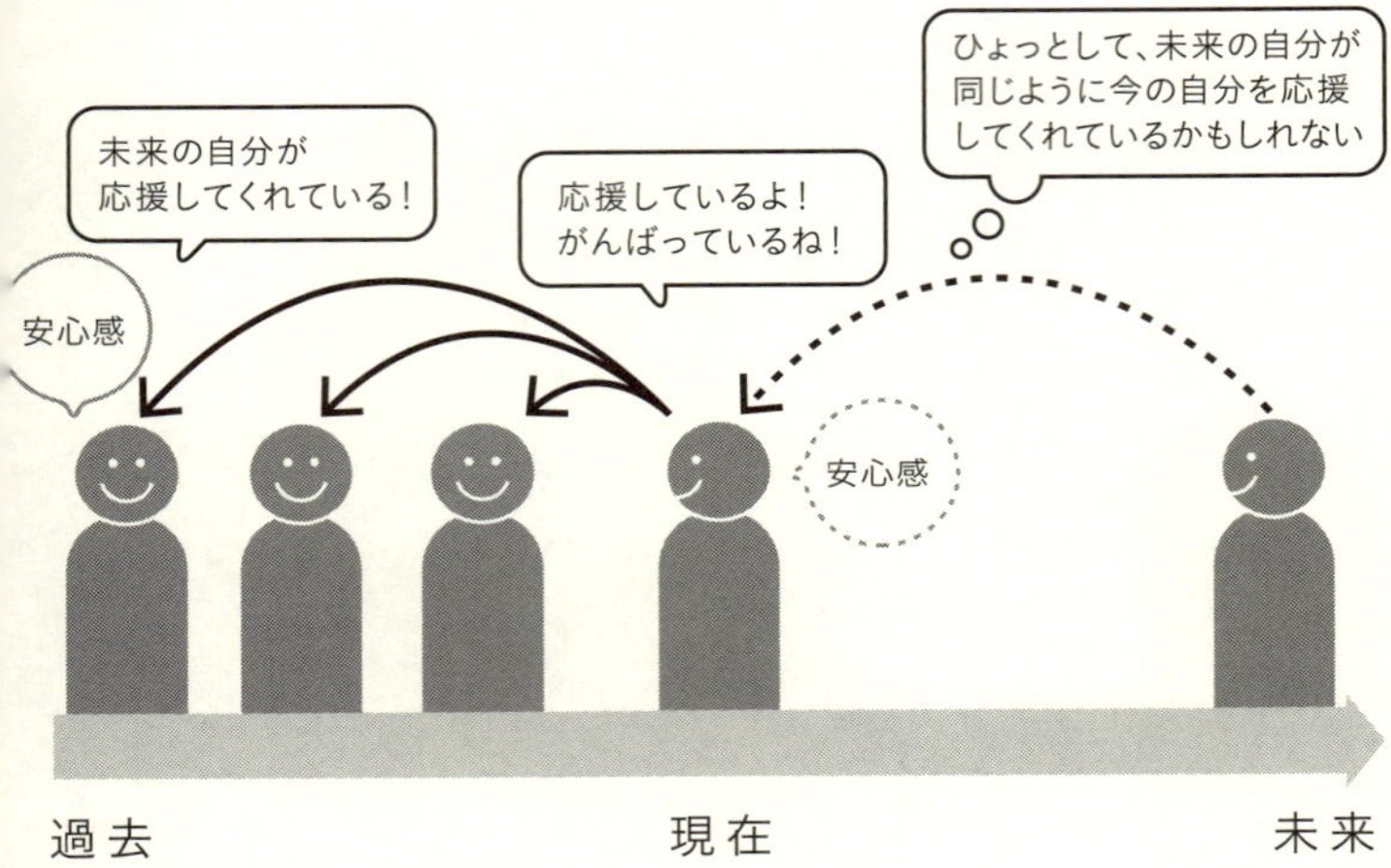
ひょっとして、未来の自分が
同じように今の自分を応援
してくれているかもしれない
未来の自分が
応援してくれている！
応援しているよ！
がんばっているね！
安心感
安心感
過去
現在
未来

いる未来の自分」に、繋げて考えることができるのです。

そうすると、どんな「今」も、すべて「常に、成長し続けるプロセスにいる自分」が前提になります。この感覚は、とてつもない安心感と、パワフルさをもたらします。

そして、過去と未来が書き換わっていくのです。なぜなら、うまくいく未来に転換された時、過去も、そこに辿り着く素晴らしいプロセスの一部になるからです。

その時、あなたの人生は、まるごと輝きだします。

そして、その輝いた自分を人との繋がりの中で分かち合うことで「調和の人間関係」の中で真の幸せを実感できるようになります。

第6章では、5次元的メタ認知で、調和の人間関係を築くための、10秒ワークをご紹介していきます。

第6章

22世紀型の新しい人間関係

1

20世紀型、21世紀型の成功法則は限界がきている

第5章では、4次元的メタ認知で、自分にベクトルを向けて、時間軸の中で自分自身を認めることをしてきました。その結果、自己肯定感が上がり、被害者意識が自然と減っていきます。

第6章では、5次元的メタ認知で、自分に向かっていたベクトルを、今度は外に広げ、1つ視点を上げた空間を作っていきます。その結果、自分と他者を尊重できる「新しい人間関係」が築けるようになります。この新しい人間関係の中で、望むものを実現していくのが、22世紀型の自己実現の方法だと思っています。

20、21世紀型の自己実現法は、自分が他者より秀でることで自分を満たす、というような意識が、どこかにあったように思います。たとえば、もっと収入を得たい、もっと成功したい、という望みは、「人より多く持っていることで安心したい」という気持ちが、隠されている場合が多いのです。これはある意味、対立の関係性です。

その根源には、「人より秀でていないと自分は否定される」といった恐れの感情が

あります。恐れの感情で何かを得ても、根源的な恐れは、どこまでもつきまとってきます。何かを得ても「まだ足りない」「もっと成功しないと」と、欠乏を埋める目的で、前進しようとしてしまいます。だから、表面上はうまくいっているように見えても、本人の中にずっと横たわっている「満たされない感覚」は消えません。

これでは、何かを得たつもりでも、どこかで不安を拭いきれず、真には幸せを感じられない、という状況を招きます。

今の時代は、どの会社の中でも、うつ病の人が増えていると聞きます。この現象が、20、21世紀型の自己実現法の限界を示していると思います。

もう、人と競争して、より多くを獲得して幸せを目指す、という方向は限界なのです。今こそ、そこを認めて、新しい考え方で社会を再構築していく分岐点なのではないでしょうか。

心をすり減らして、声なき悲鳴を上げている人は、一体、今の日本でどれくらいいるのでしょうか。


以前、受講生さんが「うちの会社の部署の7割はうつ病で、休んでいる人も多いので、仕事が増えて大変なんです。そして仕事を抱えきれなくなり、元気だった人もうつになっていくのです」とお話しされていて、驚きました。この受講生さんは、その会社をどうにか辞めたい、ということで新しい道を探しているとのことでした。こういうタイプの人は、決して珍しくありません。


今、起業ブームになっている理由の1つに、こんな背景もあるのかもしれません。

私が現場で、起業を考えている方と接して感じる、起業の動機は「現状から逃げるのが目的」であることが多いと感じます。また「人と関わりたくないから、一人でできる仕事をしたい」という方もいます。でも、自分でお金を稼ぐためには、勤めている時よりも、さらに人との関係性が鍵になります。現状を否定する動機で起業をしても、本質的な解決にはなりません。

本質的に解決するには、一人ひとりが、自己肯定感を高め、その自分を他者との関係で成長させていく必要があると思います。そんな人が増えていくことが、社会をよい方向へ変えていくのだと思って、この本を書いています。

この第6章では、22世紀型の人間関係の調和のさせ方を、身近な具体例と共に解説していきます。

2／自分と他者の力を融合して願望実現する

5次元的メタ認知能力を高くすることで、自分と他者を尊重できる「新しい人間関係」を築いていけることを、イメージしてみましょう。

自分を尊重するとは、自分を犠牲にしないで、大事にするということです。他者を尊重するとは、相手を理解して、相手も自分と同様に大事にすることです。

ですので、自分と他者を尊重できる世界とは、自分と相手を含む、今までより1つ上の次元で、空間（場）を見渡すようなイメージです。これは、1対1と限らず、複数の人でもよいのですが、まずは1対1を考えるとイメージしやすいです。

とはいえ、価値観や経験や年齢も違う関係では、お互いがそのまま理解しあい、尊重しあうことは、一見、難しいように感じます。

この段階は、すぐに結果を得よう、ではなく「お互いを理解しあうプロセスを楽しむ」くらいでちょうどよいと思います。人の関係は、0か100ではないですし、固定的ではありません。昨日まで仲が良かったのに、今日は誤解された、誤解した、ということが普通にありえます。そういうこともプロセスの一環として「調和の関係を目指し、理解しあう」ことで、自分を成長させていこう、お互いに成長していこう、で十分だと思います。

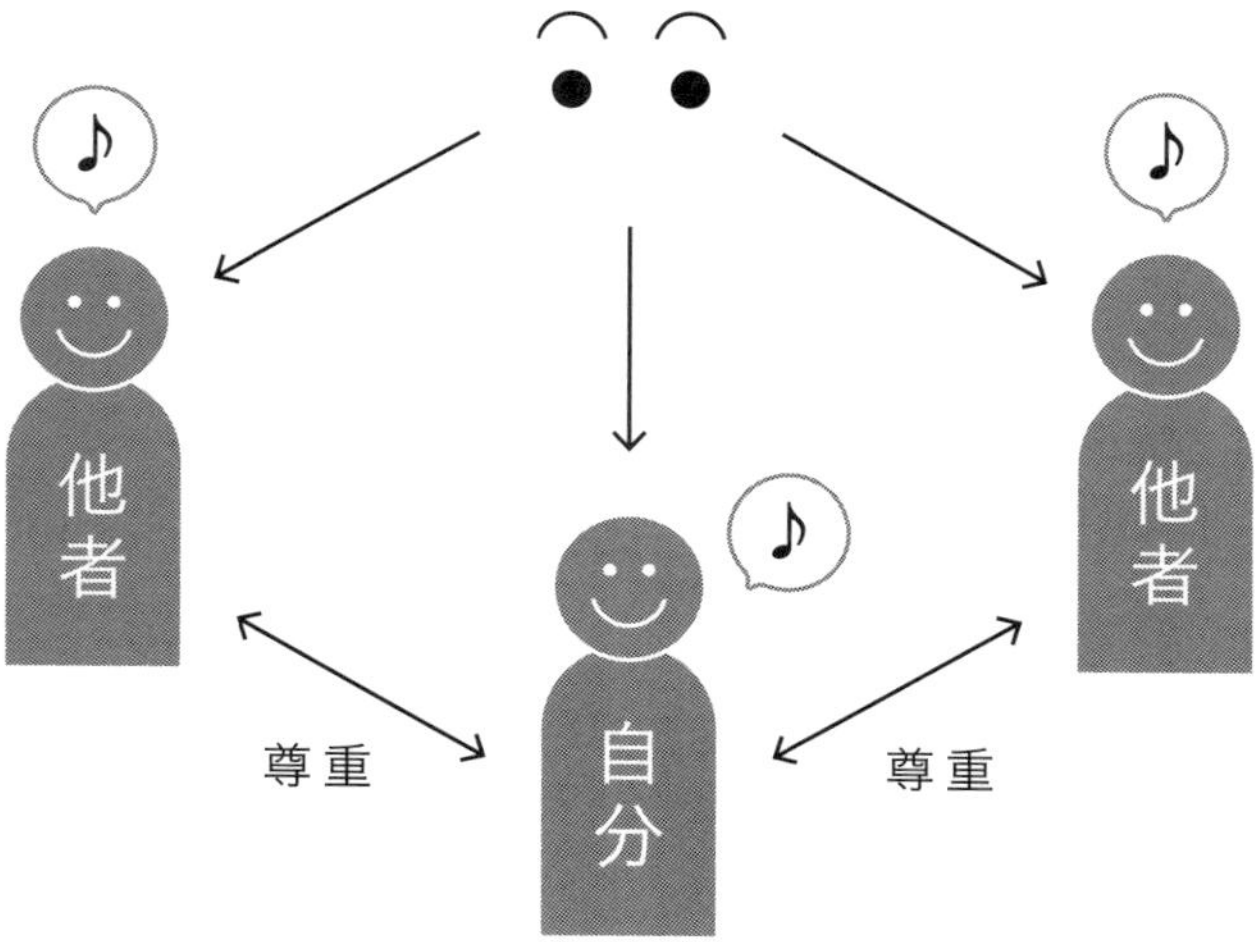

そのプロセスの中で、大きな仕事が決まる、収入がアップする、出会いたい人を紹介される、人間関係がうまくいき、悩みがすっかり消えてしまう、等々、望むことが「簡単に」叶っていくことを実感していくと思います。

なぜ「簡単」と表現したかというと、自分一人で頑張るのではなく、互いに支え合う関係性ができていくからです。何も行動しないのに実現するという意味ではなく、一人で実現するより、ずっと簡単にいく、という意味です。

たとえば、多くの方は、「お金回りをよくしたい」と思っています。でも、意外なことに、お金と人間関係が関係していることにまで気づいている人は多くはないと感じます。

お金は循環しているものです。どこを？と考えると「人」と「人」との間を循環しています。無人島に一人で大金を持っていっても、何の役にも立たないことはわかると思います。

お金は「人」が介在することで、はじめて意味を持つのです。

だとしたら、お金の話は、本当は人間関係の話なのです。老後に不安を持つ人の多くは、潜在的に「一人で生きていくこと」を前提に、不安を抱えていることが多いと感じます。

もし仮に、あなたが「自分を支えてくれる人が日本中にいる！」という確信を持てるほど、広い人脈と信頼関係を、普段から築いていたとします。本当に確信があったら、未来の不安は、かなり軽減されると思いませんか？

周囲を見渡すと、「嫌いな人とは距離をおく」というように、好き嫌いで二分するタイプを多く見かけます。私のコンサルの経験上、人間関係の狭さと、お金の悩みは、大いに関係しています。単純に、自営やフリーランスの場合、人間関係に好き嫌いがあり、コミュニケーションが苦手だと、収入が頭打ちになるのは想像がつくと思います。

また、自分を信頼できていない人は、人も信頼できないので、やはりその歪みは、お金の何らかの悩みとリンクしています。

さらに、自己肯定感が低い人は、お金を得ることで自信を得ようとするので、どんなにお金を得ても、根本の不安は消えません。

お金の悩みは、人間関係が調和に向かうと、解決に向かいます。

お金の悩みと同様、他のことも、人間関係を調和することで、好転していきます。

会社員なら、上司や部下との関係がよくなり、仕事で能力を発揮しやすくなります。結果、月収がアップする、昇進する、会社が楽しくなる、などの効果が得られます。上司のパワハラに悩んでいた人も、すっかり良好な関係になります。逆に上司に感謝できる場面が増え、驚くかもしれません。

個人事業主なら、お客さんが口コミで広がる、マーケティングをアドバイスしてくれる重要人物に出会える、などの効果が得られ、売り上げを上げることが可能です。

経営者なら、大きなビジネスに繋がるパートナーを紹介される出会いに恵まれる、大型の受注が増える環境になる、なども可能です。あるいは、社員が自主的に動いてくれ、それぞれの能力を発揮できる環境になった結果、コストは変わらないのに、年商を上げることも可能です。

離婚の危機に直面している夫婦が、互いを理解しあい、危機を乗り越えることも可能になります。

人間関係でいつも同じ失敗パターンを繰り返していた人は、幸せな人間関係を築くことができるようになります。

これらは一例に過ぎません。5次元的メタ認知で、空間を「調和の人間関係」にしていけば、自分と他者の力を融合できるので、今までよりずっと幸福で満たされた感覚が得られます。

欠乏を埋めるために、相手より多く持つことを目指すのではなく、自分自身を周囲に分かちあえる喜びを感じられるからです。

これが、22世紀型の新しい人間関係です。

3／人間関係は「思い込みの前提」を教えてくれる

それは確かによい世界だ、と誰もが思うことでしょう。でも、ここで疑問が湧きます。皆がこの観点で生きていると、争いも起きにくいと思いますし、皆がこの本を読んで実践すれば、ストレスも溜まりにくいと思います。でも、実際はそうではありません。

あなたが、この本の通りに、相手を尊重することを意識しても、相手があなたを馬鹿にしてきたら、途端にあなたも感情的になってしまうかもしれません。とはいえ、実際は、ステップ2の10秒ワークに取り組むと、自己肯定感が上がるので、相手の態度に影響されにくくなっています。

ですので、相手がどんな態度であれ、あなたが相手の態度にまったく影響されずに、相手を尊重し続けると、実は相手もあなたの方に影響され、結果的に「調和の関係」になります。

「自分を愛すること」ができるようになると、相手を理解する余裕ができるからです。すると、今までより思いやりのある態度で、相手に接する結果、関係が良好になります。

とはいえ、すべての場合がそううまくいくとは限りません。生きていれば、何らかの葛藤を、人間関係で感じることがあります。

ところが、人間関係の中で感じるストレス、葛藤こそが「他者との関係で自分が成長できるチャンス」を教えてくれるのです。そこを避けて通ると、どこまでも形を変えて、うまくいかない前提の人生が続いていきます。このチャンスは、経営者の場合、ダイレクトにお金の流れが好転することに繋がっていることもあります（後述します）。

では、「自分が成長できるチャンス」には、どう気づくとよいのでしょうか。

実はストレスや葛藤は、「自分や相手に対する前提」を教えてくれます。

たとえば、あなたが友人と待ち合わせをしていたのに、相手がウッカリ日にちを間違えて、待ち合わせ場所に現れなかったとします。こんな時、あなたならどう感じますか？

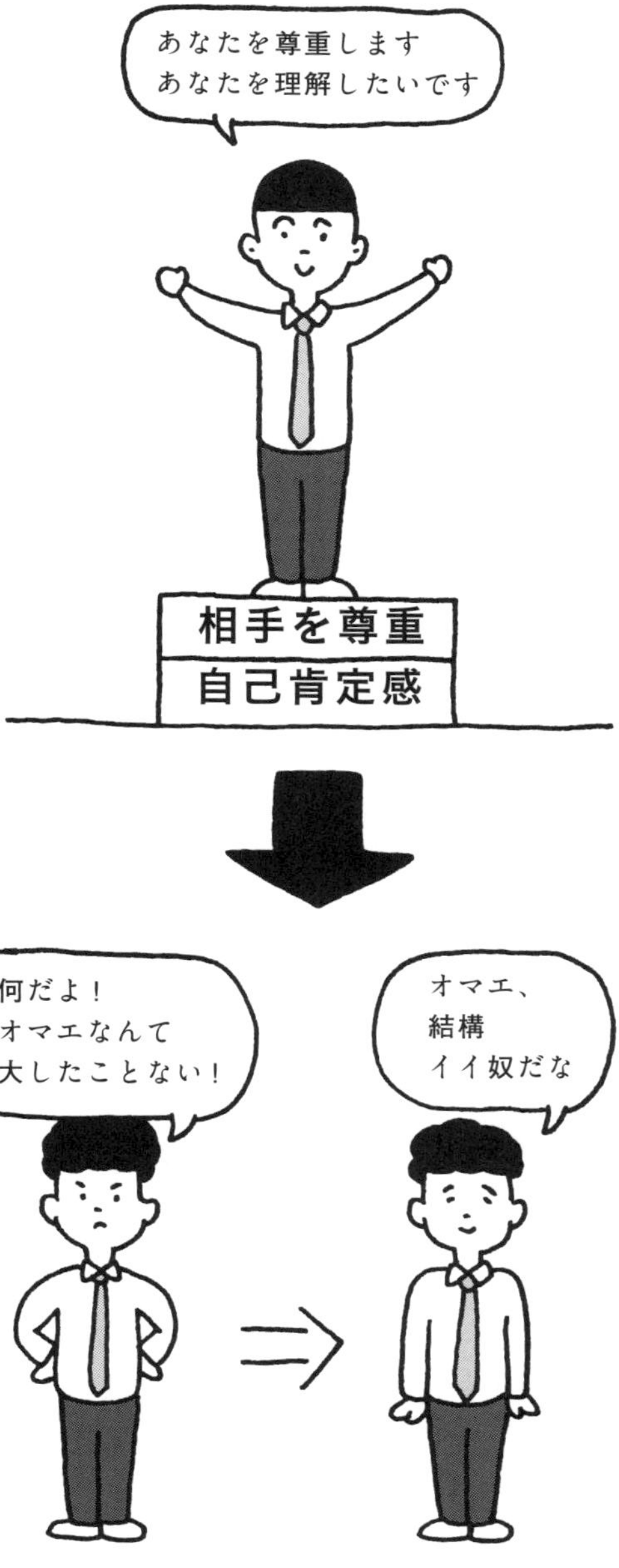
あなたを尊重します
あなたを理解したいです
相手を尊重
自己肯定感
何だよ！
オマエなんて
大したことない！
オマエ、
結構
イイ奴だな

間違いは誰にでもあるから、と気にしないかもしれません。あるいは「どこかで埋め合わせしてよ」と明るく受け流せるかもしれません。

でも、人によっては「馬鹿にされた」「自分は大事にされなかった」と思う場合もあるのです。

なぜ「馬鹿にされた」と思うのでしょうか。それは、自分で自分を「人に馬鹿にされる人物だ」と評価しているからです。これが「自分に対する前提」です。この前提を変えない限り、場面を変えて、やはり「馬鹿にされた」と腹を立てる場面は起き続けます。

「自分に対する前提」を変えていくことで、自分を成長させ、調和の人間関係が築けるようになるのです。

同様に、「相手に対する前提」もあります。よくある事例が、親や教師が子どもに対して貼るレッテルです。「この子はダメな子だ」という前提でいると、言葉遣いや態度に出てしまい、子どもも「自分はダメなんだ」と自信をなくしてしまうのです。そして、実際にダメな子になるのです。親が子どもを心配し過ぎるのも、やはり同じです。

上司が部下に「能力のないやつだ」という前提を持つ場合も、同じことが起きます。あるいは、いつもダメ男ばかり引き寄せるんです、と悩む女性は、「どうせ男は裏切る」という前提があるのかもしれません。すると、相手を疑い、口うるさくなるので、相手に疎まれ、大事にされなくなるかもしれません。そして「ほら、やっぱり裏切った」と思う場面を自ら招いてしまいます。

ここで気づいた方もいることでしょう。自分に対する前提と、相手に対する前提は、表裏一体です。

たとえば、友人が待ち合わせに来なかったことで「自分は馬鹿にされた」と思った場合、自分に対して「馬鹿にされる人物」という前提がありますが、相手（人）に対しても「相手は（人は）馬鹿にするようなことを平気でする」という前提があるのです。もし、相手を信じ切れていたら、「馬鹿にされた」とは感じず、「よほど忙しかったのだろう」と好意的に捉えるはずです。

上司が部下を「能力のないやつだ」と前提を持つ場合、その上司は「自分は能力のない人物にてこずらされる」という前提を持っています。女性が男性に対して「どうせ男は裏切る」という前提を持つ場合、その女性は「自分は男性に裏切られる存在」という前提を持っています。

結局、人間関係で感じる葛藤は、自分でも気づいていなかった「自分に対する前提」を教えてくれるのです。盲点を教えてくれると言ってもよいでしょう。

別の表現をすると、10秒ワークでは、時間軸を伸ばして自己肯定感を上げられますが、まだまだ伸びしろはあることを、他者との関係で気づくことができるということです。それは、ベクトルを自分ではなく、外に向けてこそ、はじめてわかることなのです。

人間関係を通して「悩みを作り出している前提」に気づける、というわけです。

4／「思い込みの前提」に気づく方法

第1章でお話ししたように、人間関係の中で感じる違和感に目を向けると、「前提」に気づきやすくなります。この違和感は、小さいものから大きなものまでありますが、「嫌だな、苦手だ」「イラつく」「無理しているな」と感じる場面を意識するとよいです。

違和感に気づけると、人生のあらゆる場面で、同じようなことが、あちこちで繰り返されていることに気づけます。

いくつか代表的な場面を挙げますので、参考にしてください。

- 自分の言いたいことを我慢している場面
- 人に何かを伝えようとしても、諦めてしまう場面
- ついつい人に合わせてしまう場面
- ついついイライラしてしまう場面
- 相手を馬鹿にしてしまう場面

●相手に支配されている、と感じてしまう場面
●相手に依存されていると感じてしまう場面
●相手に理解されないいな、と感じてしまう場面
●自分の意見を求められる場面
●何か責任を負わされそうな場面

日本人は、自分の本音を抑える傾向があるので、最初の頃は、なかなか気づきにくい方もいるかもしれません。

ここで、多くの方にコンサルをしてきて、非常によく効く言葉をご紹介いたします。

◎私は自分の本当の気持ちに気づき、その気持ちを大事にします

「大事にします」を「大切に扱います」と変えてもよいです。この言葉を唱えるだけで、すぐに前提に気づく方もいます。

「自分が無理していたことに気づきました」「本当は私、こんなことを望んでいたんですね。驚きました」という感想も多いです。

また、唱えた時は、何も気づかなかったのに、その日、夢に、亡くなった肉親が出てきて、「一人で寂しい！ もっと一緒にいたかった」という気持ちに気づいたという方もいらっしゃいました。亡くなった当時は、淡々と受け止めていたはずだったのに、ずいぶんと感情を抑圧していたのだな、と気づかれたそうです。

5 10秒ワークで前提を変える

◎私は自分の本当の気持ちに気づき、その気持ちを大事にします

この言葉を、10秒ワークに使うとさらに気づきやすくなります。第5章では、「夜の自分が朝の自分に情報を教える」というパターンを説明しましたが、その応用形です。

朝、会社に行く前などに、この言葉を唱えると、脳が「自分の本当の気持ちに気づく」ための情報を集めようとするので、1日の中で気づきやすくなります。普段、何となく無意識に過ごしやすいことに対して、「ここに違和感があった」と気づいてい

くのです。

そして、気づいた時に、言語化して、朝の自分に「こんなことを気づいたよ」と教えるのです（イメージでよいです）。

「言語化して認める」の効果は、第5章で詳しく説明しましたが、この時点で、自分を客観視するので、認知できる範囲が広がります。そして「では、無理しない方法はないかな」と、別の選択をとる準備が始まります。

すぐに別の選択肢をとれる場合もありますが、そうではない場合は、さらに隠されている「前提」がありますので、探ります。

たとえば、人から仕事を頼まれた時に、本当は無理していると気づいた場合、「引き受けないと、能力のないやつだ、と思われる」という思いに気づくかもしれません。するると、「自分は能力がない、価値がない」などの前提が隠されている場合があります。

この場合、10秒ワークのパターン❹失敗、ネガティブなことが起きた時、が使えます。「自分には能力がないと思っていたんだな。」と認め、「そんなふうに自分を思っていたなんて、結構ツラかったかもしれない。自分を粗末にして悪かったな」「そうはいっても、いろいろと工夫してきたじゃないか」「自分なりには精いっぱいやってきたじゃないか」など、時間軸を伸ばして共感していきます。

この時点で、自分を認めているので、違う選択肢をとれるようになる方もいます。たとえば、同じように仕事を頼まれても、「今、〜〜という案件を抱えているので、厳しいです」と相手に言えるのです。そのうえで、相手を尊重して「急いでいないようでしたら、明後日以降、着手できます」と提案することもできます。

もし、すぐには変われない、という場合は、やはり10秒ワークを応用します。朝、「私は、能力がちゃんとある。そのことを前提に過ごしてみる」と、夜の自分に伝えるのです。既に10秒ワークを続けていると、こんな場面で功を奏します。

朝と夜の自分との繋がりができているので、たとえるなら、お互いに約束を守り合うような関係ができています。

言語化によって、意識にも上っているので、仕事を頼まれた時に、うっかりいつもと同じように無理してしまう自分に気づきます。この瞬間、認知の幅が広がります。すると、今までは「無理して引き受ける」しか選択肢がなかったのに、別の選択肢をとってみよう、という気に自然となります。

そして、別の選択肢がとれた時、すかさず、朝の自分に報告するのです。

この一連の行為は、自己効力感（セルフエフィカシー）を高める効果があります。自己効力感とは、自分がある状況において、必要な行動をとることができる可能性の認知を意味します。自己効力感を身につけるには、自分がやると決めたことを、きちんと実行できる感覚を増やしていくとよいです。自分自身との約束を守るのです。

小さなことから始めるのが一番よいのですが、10秒ワークを使うと最適です。朝の自分が決めたことを実行し、実行結果を、やると決めた時の朝の自分に報告する、ということは、言語化によって自己効力感をさらに高めるのです。

自分の選択や行動が人生を変えるリアリティーを、実感するほど、認知の幅が広がり、さらに別の選択肢をとれるようになります。

前提がいつの間にか変わっていることに、ある日気づくと思います。

こういう方法で10秒ワークを続けると、自己肯定感と自己効力感が身につくので、余裕が生まれます。そして、人に対して思いやりを持てるようになり、人間関係が次第に変わっていきます。その結果は、収入アップや、パートナーシップの改善など、人それぞれですが、皆さん、人と理解しあえるプロセスを通じて、互いに成長し続けています。

6　前提を変えて仕事が増えた事例

前提を変えて、翌日からすぐに仕事が増えた、会社経営者の事例をご紹介します。

アキラさんは、会社を経営して10年以上経つ50代の男性です。もともと、同じ業界の会社に勤めていて、もっと消費者の立場に立った仕事をしたい、と思って独立しました。業界にはいろいろなしがらみがあり、また、消費者からのクレームも多い現状を苦々しく思っていたのです。大きな志を抱いて、会社経営しているのですが、最近は金銭的に厳しい状況です。

いろいろな交流会に出て名刺を配り、新しい顧客開拓を怠っていないのですが、契約にはなかなか結びつきませんでした。

アキラさんは、もともと10秒ワークを続けていたのですが、自分自身を見つめていく中で、ある「思い込みの前提」に気づかれました。アキラさんは、正義感が強過ぎるあまり、業界の中で大きな勢力を持つ企業を敵視していました。

会社勤めの時に、消費者が企業に泣き寝入りする場面、被害にあうという場面を多く見ていたので、いつのまにか「企業は敵だ」という前提ができてしまったのです。

この前提があるため、アキラさんは、企業ではなく個人の顧客をメインにすることを旗印に仕事をしてきました。企業からオファーがきても、断ることがほとんどだったそうです。

でも、企業の方が個人よりお金を大きく動かせますし、影響力が違います。

アキラさんは、もともと業界を変えたい！という気持ちで会社をつくりましたが、業界を変えるには、大きな勢力を味方につけた方が合理的です。

業界に長くいて専門知識があるアキラさんは、その知識を活かして、企業がクレームを出さないように、事前にコンサルをしていくという「新しい選択肢」に気づいたのです。

新しい選択肢に気づけた鍵は「過去」にありました。なぜ自分は独立して会社を立ち上げたのか？

その選択をした過去の自分の気持ちを蘇ら

せたのです。業界を変えたい！という気持ちの奥に、「お客様に喜んでもらえる仕事をしたい」という本当の願いに気づいたのです。

過去の選択の原点である自分の思いを認めた時、企業を敵にするのではなく、新しい調和の関係を築ける選択ができる、と思ったのです。

今までは、企業と同じ土俵で対立していたのですが、5次元的メタ認知能力を高くして「業界全体を向上させる」という目的で全体を見渡したのです。すると、「企業は敵だ」という前提から、「企業は同志だ」という前提に変わり、新しい視野で、業界を見ることができたのです。そして、企業も顧客もアキラさんも、皆が調和できる選択を見いだせました。

この気づきの次の日、早速、企業からオファーが来たそうです。その後も、なぜか企業のオファーが増えていき、アキラさんは今、新しい仕事の方向を楽しんでいます。

アキラさんは、10秒ワークをずっと続けていた、という下地もあったので、すぐに前提を変えられました。

高い次元で業界を見渡すことで、企業に対する敵対心が消え、「協同していきたい」

業界全体を向上させる
お客様に喜んでもらいたい
同志

という気持ちが、言動や振る舞いに出るようになったので、近づきやすい雰囲気になったのだと思います。

この1ケ月半後にお会いした時、笑顔で「あれから、不思議と不安がなくなったんだよね。今まで、世界をいかに敵に回していたのか、気づいた」とお話しされていました。

ご自身の高い専門知識と経験を、社会をよくするために使っていこう、と決めたからこその結果ですね。

7

前提を変えて、旦那さんとの関係が変化した事例

10秒ワークを続けるだけでも、前提が変わり、相手との関係が変わった事例はたくさんあります。

「The 10-Second Change」という10秒ワークに特化した教材を勉強されている方からのメールをご紹介します。

◎ナオミさんの場合

ナオミさんは、教材を始めて7日間で、旦那さんとの関係が変わったことを、ご報告くださいました。

プログラムをスタートしまして7日目になりました。昨日、無意識の恐れを手放せた体験をしたので、お礼とシェアのメッセージを送ります。

6日目、ちょうどネガティブな気持ちになる出来事があったので、「それでも大丈夫だよ」と自分に伝えましたら、その夜夫とケンカになりました。仕事で忙しく

時間がとれない夫と、それを不満に思う妻、というよくあるパターンです。

いつもの私は、夫を怒らせるのが怖くて本当の気持ちや感情を抑えてしまうクセがあったのですが、その時は「私も理不尽に不機嫌になることがある！」と強気発言をしました。

そこで逆切れされ責められるのはこれまでと同じなのですが、そこで「怖い！！！」と思う自分がいなかったのです。夫は今機嫌を悪くして攻撃してきているけど、私は大丈夫！という安心感がありました。これは長年の間で初めてのことです。

そうしたら、何だか笑えてきて、一人ニヤニヤしながら、夫に「もしかして、私の幸せを考えて仕事頑張っている？」というセリフが出てきました。それに対して夫は「当たり前だ」と言ってきました。

そこで、私も「ちょっと寂しかっただけ、ごめんね～」とかるーく折れて険悪な雰囲気は終了しました。

こういう感情と流れははじめてで、我ながら驚き、お伝えしたくなったのです(笑)。

「相手を怒らせたら自分は愛されない、だから相手のご機嫌取りを無意識にしてしまう」という根深いパターンが崩れたように思います。

10秒ワーク、すごいです！　うれしいので思わずメッセージしました。

人に認めてもらうために頑張るパターンをいったんやめて休止状態のところから、新たにどう動こうか？という状況のため、10秒ワークがちょうどよい機会になると感じています。

― 解説

ナオミさんは、今までは、旦那さんと対立している前提だったことがわかります。本当の気持ちを伝えるのが怖い、というのは、相手を真には信頼していないからです。

でも、10秒ワークを続けることで、自己肯定感が上がり、5次元的メタ認知能力が自然と高くなったので、「旦那さんと自分が一緒にいる家庭という空間」を調和の視点で認識できるようになったのです。その結果、旦那さんに対する前提が「敵対関係(怖

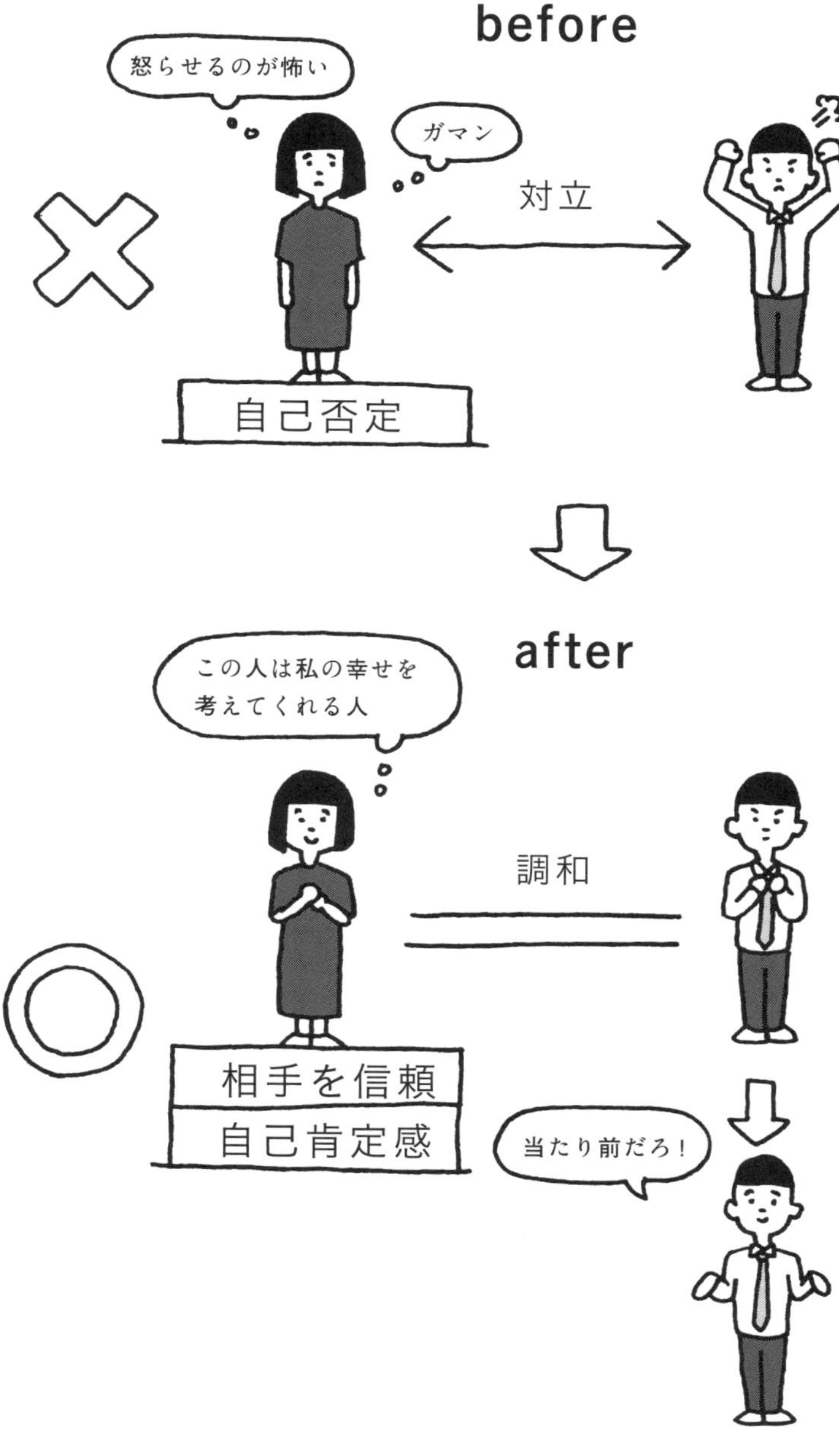
before
怒らせるのが怖い
ガマン
対立
自己否定
after
この人は私の幸せを考えてくれる人
調和
相手を信頼
自己肯定感
当たり前だろ！

い）」から「味方の関係（私の幸せを考えてくれる存在）」へと変わり、言葉が変わりました。

そして、調和の関係性を実感できたのです。

◎ヒトミさんの場合

ヒトミさんは、健康を扱う仕事をされている方です。夫婦関係は良好でしたが、1つ諦めていることがあったそうです。それが10秒ワークをやることで、変化したというご報告をくださいました。

夫の件ですが、1つ私がずっと気になっていて、もうあきらめていたことがありました。それは夫の生活習慣です。ビール大好き、コンビニ大好き、お昼ご飯は毎食会社の食堂のラーメン。たばこはもうずっとやめられない生活でした。彼曰く寂しがり屋のため、iPhoneでずっと音楽をイヤホンで聴きながら寝ているのですが、私は電磁波が気になっていました。

でも私がどうこう言っても、本人が気づかないとやめられないというのはわかっていました。

ところが、先日彼が突然夜帰ってきてから言ったのです。

「俺、変わったんだ。ラーメンもここ1ケ月食べてない。体づくりをしようと思って。コンビニもこのところ行ってないし、グルテンフリーにしているんだ」と。

「前に電磁波はよくないってメールもらってたし、1週間イヤホンやめて携帯を離して寝たら驚くほどすっきり起きられる」「心、魂と体ってつながってるんだな」

こんな言葉が彼の口から出るとは、思っていなくて、びっくりしました。

どうやら彼なりに不調（朝起きられない、疲れやすい）などから体をちゃんとしようと思ったらしいのです。

それがびっくりすることに、彼がそう決めた1ケ月前というのは、実は私も10秒ワークをやっていて、出てきた答えが「体をしっかりつくること」だったのです。

ちょうど同じ時期に、お互いに同じことを思っていた、というのがすごかったです。

私の場合、家事も仕事も忙しく何だかやる気がでないことに焦って10秒ワークを始めたのですが、「体力がなかった」のが一つの原因とわかったところだったのです。

私はこういう健康を扱う仕事をしているので、健康でない生活習慣の夫を少しあきらめの視点というか、人には自慢できないなとか、この人はこういう人だから仕方ないなと思っていたところがあります。

健康に関して私が上、と何となく思っていた節があると思います。でも、本気でやれば、夫の方が健康になってしまうかもしれないなあと思いました。

これも10秒ワークで、私が昔の自分の評価をひっくり返していったことも関係あるのかもしれません。実は、大学時代、自己評価がかなり低い時期があり、それが今でも影響があったのです。

でも、10秒ワークを続けることで、「精いっぱい、あの時、頑張っていた」と自分を認めることができ、自分への低い評価を、やっと手放せました。

私が自分を大切にしだしたら、夫も自分を大切にしだした、ともいえるかもしれませんね。

一つひとつ自分がやることを認められるようになるって本当に楽です。

―解説

ヒトミさんの場合、旦那さんとの関係が変わる前に、長い間抱えていた、自己評価の低さを解消しました。過去の自分を認めることで、世界への見方を根本から変えることができたのです。これは、4次元的メタ認知能力が高くなり、自己肯定感も高くなった、といえます。

そして、5次元的メタ認知能力が高くなり、前述のナオミさんと同様に「旦那さんと自分が一緒にいる家庭という空間」を調和の視点で認識できるようになったのです。自分を肯定できるようになったので、旦那さんのことも自然に肯定できるようになり、「あなたは健康面でダメな人」という前提が変わったのでしょう。その結果、旦那さんにあった潜在的な「健康になりたい」という気持ちが実現し始めたのだと思います。

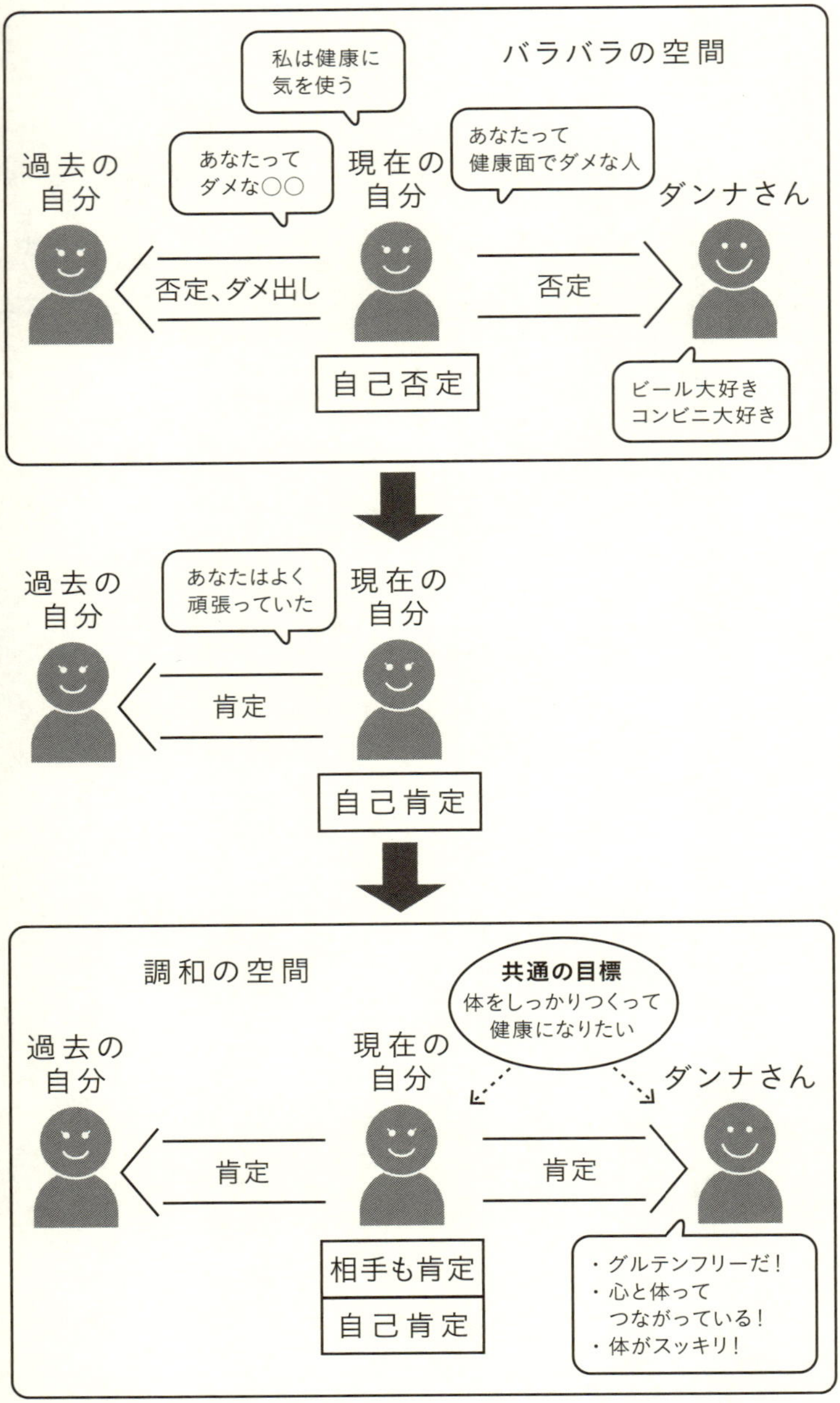
バラバラの空間
私は健康に
気を使う
過去の
自分
あなたって
ダメな○○
現在の
自分
あなたって
健康面でダメな人
ダンナさん
否定、ダメ出し
否定
自己否定
ビール大好き
コンビニ大好き
過去の
自分
あなたはよく
頑張っていた
現在の
自分
肯定
自己肯定
調和の空間
共通の目標
体をしっかりつくって
健康になりたい
過去の
自分
現在の
自分
ダンナさん
肯定
肯定
相手も肯定
自己肯定
・グルテンフリーだ！
・心と体って
つながっている！
・体がスッキリ！

8／前提を変えてパワハラがなくなった事例

上司のパワハラで転職を考えていた方が、前提を変えて、1ケ月で問題解決した事例をご紹介します。

ツヨシさんは、地方都市にある小さな営業所に勤務する30代前半の男性です。日頃から、上司が自分を否定してばかりいる、と感じています。ツヨシさんは真面目ですし、言われたことはきちんとやろうとしています。ところが、上司はツヨシさんに対して「こんなんじゃダメだろ!」とイライラした口調で怒鳴ってきます。

ツヨシさんは、怒鳴られると萎縮してしまい、頭が真っ白になってしまいます。そのうち、ツヨシさんは、上司が陰で「あいつは、何を考えているのかわからない」と不満を持っていることを知ります。

そんなある日、母親の体調が悪くなり、長期入院しなくてはならなくなりました。

一人っ子のツヨシさんは、面倒を見る必要があり、早退することもあれば、残業できない時が増えてきました。

上司には母親の入院のことは伝えています。ツヨシさんは内勤なのですが、人数が少ないので、早退する時は営業マンが内勤の替わりをすることもありました。

ツヨシさんは睡眠時間も減り、仕事に集中できないこともありました。そんな中、上司がツヨシさんに対してますますイラつき、怒鳴ることが増えてきます。

ついには「オマエ、必要ないわ」とまで言われてしまい、すっかり自信を失います。

母の病状には無関心で、大変な状況を理解しようとしない上司に対して、内心「俺はあんたのことを絶対に尊敬しない」と思っています。

それが伝わるのか、上司はますます、ツヨシさんを否定することが増えてきました。ツヨシさんのストレスはますます増えていくばかり。


「もう転職をするしかないかな……」。ツヨシさんはボヤきます。実は、ツヨシさんは以前の会社でも、上司の威圧的な態度に悩み、そして今の会社に転職してきたのです。入社当時は、上司も普通の態度だったはずなのに、一体なぜこんなことになってしまったのだろう……。

ひょっとして、サラリーマンが向いていないのかもしれない。ツヨシさんはすっかり自分に自信が持てなくなります。

そんな頃、私のコンサルを受けられ、以前から強固にある前提に気づかれていきました。そして、1ケ月以内に「上司とうまくやっていける」と思えるようになり、転職しようという気持ちがなくなりました。

そのプロセスを説明します。

まず、上司との間で感じる違和感、葛藤に気づくようにしました。会社での、「また上司に嫌味を言われたら嫌だな」「自分を否定するような視線だ」と感じる感覚を見逃さないようにするのです。

次に、「何で、嫌だと思うのだろう」と、自分の心に問いかけていくのです。

すると、共通点が見えてきました。「相手に威圧感を感じる時に、嫌な気分になる」や「自分が言いたいことを飲み込んでしまう時に、情けない気分になる」など、独自のパターンが次第にわかってきたのです。

そして、自分の中にある前提は「どうせ自分は理解されない」という被害者意識だと気づきました。この前提が、現実をつくっていたのです。

この前提があるので、上司が何を望んでいるのかを考える余裕がなかったのです。

自分がとらわれていた前提に気づくことで、5次元的メタ認知能力を高くして、職場全体まで次元を上げて見ることができるようになりました。上司の望みは何か、客観視できるようになったのです。

上司の望みは、営業所の売り上げを伸ばして、本社から認められることでした。売り上げを上げたいのに、ツヨシさんが早退すると営業マンが内勤になり、売り上げが減る可能性がある。売り上げの見通しが立たないことが、不安。これが上司の根底にあった感情でした。

ちなみに、パワハラをする支配的なタイプは、実は根底に「恐れ」を抱えています。

その恐れが何かを理解し、不安にならないように気遣うと、うまくいくことが多いです。

そこで、ツヨシさんは、この上司の不安を解消するには、マメに連絡して見通しを立てやすくすればよい、と新しい選択肢に気づきました。

ツヨシさんも、並行して10秒ワークに近いことをして、自己肯定感を高めるプロセスを経ていました。

早速、新しい選択肢を実行したところ、みるみる上司の態度が変わりました。時には「お母さんの状態、どう？」と気遣ってくれるまでになりました。

あまりの変わりように、ツヨシさんはビックリしていました。それと同時に、今までどの会社にいても上司とうまくいかなくなった本当の理由もわかりました。

いつも「どうせ人に理解されない」という前提でいるので、わかってもらう努力をしてこなかったですし、相手を理解しようともしていなかった。

その集大成のようなことが、母親の入院の件で起きているだけだったと気づきました。

新しい選択肢をとることで人間関係がよくなる実感が得られ、1ケ月後には、「この会社でうまくやっていけそうです。転職はしなくてもよいです」と笑顔でお話しされました。今では、自分をどう会社で役立てよう、どうコミュニケーションをとると、周囲との連携がうまくいくのだろうか、まで意識がいくようになっています。

9 前提を変えて部下の能力を伸ばした事例

部下の仕事ができないと悩んでいた方が、1ケ月以内で部下の能力を伸ばした事例をご紹介します。

マサコさんは、大手企業の支社に勤めている40代後半の女性です。大学卒業後、ずっと今の職場です。仕事はできる方だと自負していますし、現在は会社の中でも花形の部署にいるので、世間的には成功していると見られているはずです。

でも、マサコさんには不満があります。本当は会社の幹部になってもいい頃なのに、上層部は認めてくれない、と思っています。「女性というだけで不遇な扱いを受けている」と思っているものの、自分より能力が低いと思える女性が、年功序列のような形で出世していることには、内心、納得がいきません。

そんな中、マサコさんの部署に、新人Aさんが入ってきました。新人とはいえ、30代の男性で、違う部署にいただけですので、見知らぬ人物ではありません。マサコさんは、Aさんのことを、以前の部署にいた時から、さほど仕事ができないのに、自信満々で、結果と自信が見合っていないタイプと感じていました。

Aさんの面倒をマサコさんが担当する、と聞いた時、内心「根拠のない自信を持つ男性は扱いが面倒だ」と思いました。

案の定、Aさんは仕事ができません。大口をたたく割には、作成した資料の出来はよくありません。責任のある仕事を任せてみると、イマイチな結果です。「やっぱり仕事ができない」。Aさんの顔を見るたびに、内心イライラしています。

私が幹部だったら、もっと適材適所を考えるのに……。

「まったく！　上司は私の能力をわかっていないし、Aは仕事ができない。この会社は人の配置をわかってない」と、マサコさんは毎日イライラします。

仕事のできないAさんが、男性というだけで、そのうち出世したら……と思うと、無性に腹が立ちます。

そんなマサコさんですが、私に相談されて1ケ月以内で、Aさんが社内で賞をとるほどになりました（もともと10秒ワークはしていた、という下地はありました）。

マサコさんのプロセスを説明します。

まず、Aさんをはじめとする会社の人に対するストレスを感じる場面を言語化していきました。

すると、共通点がありました。たとえば、出世している女性の仕事ぶりを見て「何であの人が……」とイライラッとする場面、Aさんに仕事を頼もうと思ったら、ヘラヘラしている表情にイラッとする場面など、相手の仕事ぶりにイライラするのです。

次に、「何でこんなにイライラするのだろう?」と心の中に問いかけてみました。するど「たいして仕事ができないくせに、気づいていないことに腹が立つ」「何の疑問も持たずに仕事をしている姿がイラつく」という理由がわかってきます。

さらに「何で気づいていないと腹が立つのか?」と問いかけみます。すると「自分が間違っていることに気づかないことが許せない」と気づいていきます。

そこで、マサコさんは前提に気づきます。

「自分が正しくて、相手は間違っている」「私は能力を適切に評価されない」という前提があるので、批判的に社内の人を見ていたのです。

マサコさんは、過去を振り返り、こんなことを話しました。

「会社では、周囲と調和していくことが求められるので、私は少々、煙たい存在だと思われていたかもしれないです」

確かに、本当は、マサコさんにも幹部になれるチャンスがあったかもしれません。でも、「私は正しい、あなたは間違っている」という前提で、相手に対しての態度、言葉を無意識に選択してしまっていた可能性があります。組織の中では、上とも下ともうまく連携をとれるコミュニケーション力の方が、重要視されることも多いからです。

もともと、向上心のあるマサコさんですので、そういう話の中で「もっと会社をよくしたい。社会貢献がもっとできる新しいことがあるはず」という思いも出てきました。

5次元的メタ認知で視野を広げられるようになり、職場全体を超えて、会社と社会の関係性まで考えられるようになったのです。

そこで、私は、「もっと会社が社会貢献するためにも、まずは、部下のAさんを育てていきましょうよ」とお話ししました。

頷くマサコさん。あとは前提を変えて、新しい選択肢をとるだけです。

Aさんに対して仕事を教える時は「あなたはできる人」という前提で、言葉をかけてください、とお伝えしました。

実際に、マサコさんは、日々そのように接していくうちに「Aさんを信頼して、任せてみようかな」と思えるようにまでなったそうです。

そして、1ケ月足らずで、Aさんは、何と社内で賞をとるまでに成長したのです。周囲も「まさかAが……」とビックリしていたそうです。おそらく、マサコさんの言動で、Aさんは「自分は期待されている」と思えるようになり、潜在的にあった能力が発揮されたのだと推測しています。

そして、マサコさんは、「部下を育てられるかは自分次第」と新しい前提に変わっていき、会社をさらによくするには？とより考えられるようになりました。

そのせいか、幹部から、今までよりよい処遇を受けられる出来事がありました、とご報告くださいました。

5次元的メタ認知を高くして、会社の内部だけではなく、会社と社会の調和にまで、視野を広げることで、部下もマサコさん自身も活かしあえる環境ができた、といえます。

10 対立から脱却するとお互いに活かしあう

前提を変えて、うまくいった事例の共通点は、皆さんそれぞれが、「それまで見えていた世界」から次元を上げた点です。別の言い方をすると、同じ土俵で対立している視点から、1つ上の次元の視点で、その場全体を調和させる視点へ変化させられたので、状況が変化しました。

同じ土俵で対立している状態とは、「私は相手にわかってもらえない」「私の方が～だから、相手より上」「相手は敵だ」「あの人はダメだ」「私はダメだ」と、相手を上に見たり下に見たりを、移動するだけのパワーゲームのようなものです。劣等感、優越感の感情を持ちやすい状態です。

同じ土俵で対立する視点とは、大袈裟に言うと、世界を敵に回している関係ともいえます。

この状態から、脱却するのが5次元的メタ認知の視点です。今までの視点よりも、1つ次元を上げて考えるだけで、相手と対立するのではなく、相手を活かす方向で「場」をつくろうとするので、結果的に、相手も自分も活かされるからです。

相手と調和できるようになると、力の使い方が、対立から協同になり、互いのポテンシャルが発揮しあえる環境になっていきます。

さらに、その空間の時間軸を伸ばして考えられるようになると、もっと可能性に満ちていきます。

ピアノが1週間で上手になった生徒さんの事例を思い出してください。過去から現在までの積み重ねを肯定できたとき、プロセスを信じられるようになり、地道な練習も疎かにしなくなりましたよね。

その時間軸を未来にまで伸ばす感覚を、自分の人生だけではなく、相手の人生までも入れた空間レベルで考えたら、どうでしょうか。

たとえば、親子関係の場合、子どもが時間軸で成長することを信頼して、1つひとつの小さなことを心配しなくなります。前提が自然と「この子はきっとできる」「この子はきっとうまくいく」に変化すると思いませんか。言葉がけも変わるはずです。

会社の上司と部下との関係の場合、部下の成長を信じる前提で、指導ができるようになり、部下の能力が伸びていきます。夫婦関係の場合、もともとは互いが相手の幸せを願っていた、という原点に立ち戻れ、その前提で未来を描きなおせるようになります。

自己肯定感が上がり、時間軸で自分の人生を信じられるようになると、同じように、相手の人生も時間軸で信じられる感覚が、徐々にわかっていきます。もちろん、違う価値観の者同士ですので、一足飛びにそうなるわけではなく、相手を理解していくプロセスの中で、次第に視点を上げていけるようになっていきます。

だから、順番が大事なのです。自分を時間軸で信頼できていないのに、相手を信頼するのは、表面上はできても、真には難しいのです。

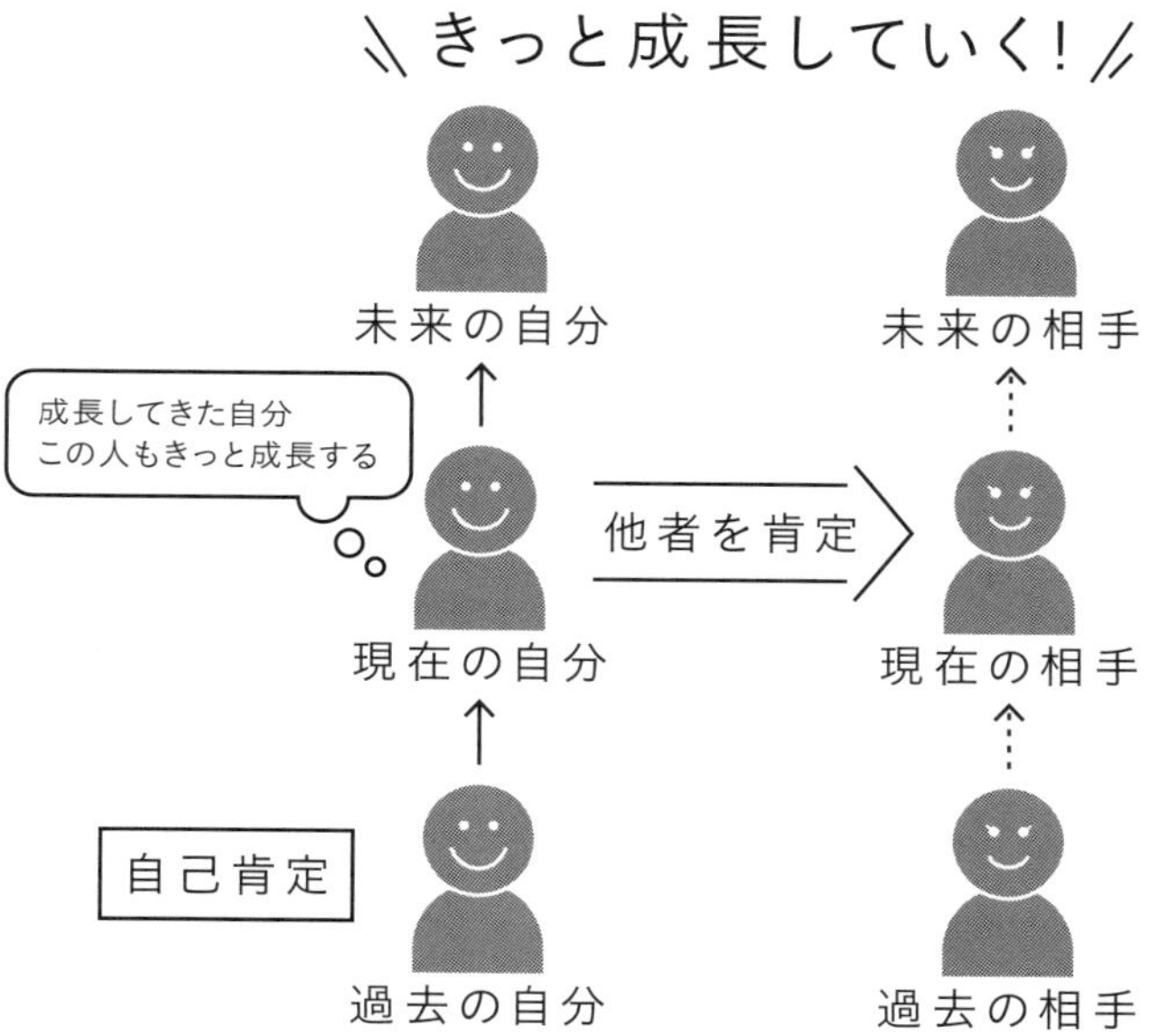

事例では、職場や家庭、会社と他の企業との関係、などを挙げました。

でも、もっと広く視野を広げていくと、空間が広がっていき、その中にたくさんの人を入れていくこともできます。

さらには時間軸を伸ばして世界を捉えていくと「どういう世の中をつくっていきたいのか」に行きつきます。

自分を肯定し、その自分自身を、周囲とどのように分かち合えば、理想の世の中をつくれるのだろうか、そこまで大きな視点で考えられたら、どうでしょう。一人ひとりがどんな場所にいても、どんな状況でも、リーダーになることができるのです。この意識でいると、人を活かしあえる、人の進化も自分のことのように喜べる世界に、少しでも近づくことは可能ではないでしょうか。

さらには、次世代のことまで考えて、時間軸を伸ばせたら、どうでしょう。

そうなると、どうしても子どもの教育を考えざるをえません。次世代の子どもたちに、何を受け渡せるのか、ということです。

子どもが小さい頃から、自己肯定感を自然に育み、目覚めさせた才能を、単にテストでよい点をとる、よい学校に行くというような「目先の獲得」ではなく、「才能をどのように世に貢献できるのか」まで見通せる感性を育てられるような環境を社会で整えていけたら、どんなによいか、と思います。

そのためには、大人が変わる必要があります。今、実際に現実を動かし、教育に携わっているのは大人だからです。

大人が、「年収1000万円を得たい（他人より認められるために）」「もっとお金がほしい（人より持ってないと不安だから）」など、他人との対立が前提で、何かを実現させようとしていたならば、子どもは、その背中を見て育ちます。

大人が受け渡したものしか、子どもは受け取れないからです。

私が普段、コンサルしている大人の方の悩みの根源は、子ども時代の親からの制約から生まれた傷にある方が多いです。その結果、どこかで自信を失い、自己否定してしまっているのです。だから、恐れや不安を解消するために、対立をしてしまうのです。

もし、最初からそれを経験せずに済んだとしたならば……。

でも、大丈夫です。そんな過去でさえも「自分の人生のリソース」にしてしまう、画期的なメソッドが10秒ワークです。

大人がまず、狭い視野から脱却して、22世紀型の新しい人間関係をつくっていきましょう。それが結果的に、子どもの自己肯定感を育てていく土壌になります。

11

あなたの人生は時間をかける価値がある

自分を時間軸で成長させることは、小さな苗から大きな木が育っていくプロセスに似ています。

そうだとすると、視点を高くして、相手と共に活かしあえる空間や環境をつくることは、森づくりに似ています。

小さな木の芽が、立派な大木になるには、1日では無理ですよね。時間が必要です。時間をかけて、自分自身をじっくりと育てる気持ちでいることで、自分にふさわしい道が開けていき、想像を超える出会いやチャンスがもたらされます。

私が開催する1日セミナーでお会いする受講生さんとのやりとりで、時々ビックリすることがあります。

「自分の使命を知りたいのです」「ずっと探し求めているやりたいことを今回こそ見つけたいのです」と、セミナー受講の目的をお話しされる方が、意外にいらっしゃるのです。

そんな時、私はこうお伝えしています。

「使命を、たった1日で見つけられるほど、あなたの人生はそんなに、インスタントでチープなものなんですか？」

「もっと、あなた自身と、あなたの人生を大事に扱ってください」と。

ワークシートを埋めていくと、自動的に最後に「私の使命はこれだったんだ！」「そうか！　これをやるために、生まれてきたのか！」と感動するようなことなんて、まずありえません。

もし仮にそう思ったとしたら、それは使命ではないと思います。

人生は、机に向かってテンプレートに答えを書いていくと正解が見つかるような、そんなものではないはずです。

様々な体験を通じて、人との関係で成長し、時には躓き、誰かから思いがけなく手を差し伸べられ、それを受け取って、どんなに多くの人に支えられてきたのかと気づく。

そんなやり取りのあれこれの中から、人生について洞察をめぐらし、次第に自分だけのオリジナルの意味を見いだしていくものだと思います。

それなのに、たった数日で使命を見つけたい、と思うこと自体が、自分の人生に価値を感じていないことだと思うのです。

また、そういう前提でいるので、永遠に「やりたいことが見つからないので追い求める」という状況を招いている、ともいえます。そしてインスタントに答えが見つかることを求めてしまう。

とても、もったいないことです。

あなたの人生には、時間をかけるだけの価値があるのです。

最初のステップである「自己肯定感を高めていく」ことを、心をこめて丁寧に扱うほどに、あなたの人生の土台である木の根がしっかりと、張り巡らされるようになります。

やがて、その太い根が、土の中から栄養を吸い上げ、あなたの木を、しっかり支えてくれるようになります。どんな大きな成果も、最初は「小さな気づきと選択」から始まります。

あなたが、10秒ワークを通して、自分の人生を丸ごと肯定できるようになると、次元を上げて、自分と人を活かしあう大きなビジョンを描くことができます。

そんな大きなビジョンを描けた時、あなたは、潜在的に隠されていたポテンシャルを真に発揮できるようになります。

なぜなら、あなたの本来の資質や才能は、それを活かしてくれる人や環境を通じて、はじめて存分に発揮できるからです。

誰かが支えてくれることがわかるだけで、あなたは困難なことがあっても、昨日より少しでも前に進むことができるのです。

共に前に進む存在たちが、可能性とチャンスをもたらし、決してあなたが一人ではなしえないことを実現させていきます。

誰もが、今どんな状況でも、自分の中に変化をつくり出し、それを周囲に広げることができるのです。

そんなふうに、人が互いを分かち合うことで、願いを実現しあえる世界になれることを願っています。

おわりに

最後までお読みいただき、本当にありがとうございます。この本を読んで、「過去にメッセージを送ると、未来が変わる」ことの素晴らしさが伝わり、うまくいく人生を送る方が増えれば、こんなに嬉しいことはありません。

過去の自分にメッセージを送ることの本質は、「実は、今までの人生に起きたことはすべて最善で、無駄がなかった」ことに気づき、そのことを過去の自分に教えてあげることにあります。究極の自己肯定です。

そうすることで、心から安心でき、今の自分にエネルギーが沸いてきます。自分を信じ、自分の未来を信じることができます。そして、本来の自分らしい未来をデザインできるのです。

過去の自分にメッセージを送るほどに、実は、過去の自分と「一緒に幸せになろう」と約束をしています。そして同時に、未来の自分とも同じ約束をしているのです。10秒ワークは、続けるほどに、過去と現在と未来の自分がチームとなって、共に人生を創造していけるようになります。

そんな人たちが増えて、「分かち合いの社会」を創造しあっていければ、本当に素晴らしい世界になると信じています。
この本を読んだ皆さんには、「新しい時代の創造者」になってほしいと願っています。本来の自分に目覚め、自分を信頼できるようになり、人を信頼できるようになれば、誰もが、どこにいても、どんな環境にいても、リーダーになることができます。

この本も、まさに分かち合いで創られました。フォレスト出版の「時空力プログラム」「The 10-Second Change」受講者の方たちが、たくさんの劇的な結果を出してくださり、事例に登場していただきました。その度に、メソッドは生き物のように進化していきました。教材を世に出すまでに、フォレスト出版の方々を中心に、多くの方の知恵をお借りして、ここまでのカタチにすることができました。心から感謝いたします。

きっと、これからも皆さんからのご報告が増えるほどに、メソッドは進化し続けると思います。皆さんと、共に成長し、進化し続ける未来を楽しみにしています。これからもよろしくお願いします。

2016年8月　佐藤由美子

【著者プロフィール】

佐藤由美子　Yumiko Sato

4000人の人生を変えた行動変革コンサルタント
35歳のとき、法律家になるという目標を見失い、無職、無収入、貯金数万円、人脈なしの状態から、ブログを始める。
その直後に「7日間かけて書いたある言葉」がきっかけで、仕事・収入・人間関係などあらゆる面で思いもよらない体験をする。
自身の経験を振り返って、潜在意識の構造・それを人生に活かすための秘訣を発見。
1.ボトルネック発見プロセス、2.リソース（強み・弱み・意味づけ）発見プロセス、3.ハッピーエンド（リソースを使ってボトルネックを解決する）シナリオ構築プロセス、4.シナリオインストールプロセス に分類。それぞれのパートで、自己啓発を学ぶ多くの人が自身の潜在意識の書き換えに失敗する理由を突き止める。
「時間の幅を広く見る力」×「人生固有のストーリーを読み解く力」の２つの力が潜在意識を書き換えて人生を好転させるために不可欠だと気付き、未来更新式メソッドとして体系化。

個別コンサルティングで直接クライエントを支援するだけでなく、実践プログラムとして広くメソッドを提供している。日本人の意識を書き換え、誇りを取り戻し、人と信頼しあえる社会をつくる、という理念のもと、子どもの頃から取り組める環境を目標にメソッドを開発している。

延べ4000人超の願いを実現。「異例の昇進をしました！」「結婚しました！」「事業がうまくいきました！」「独立してメンターに出会い人生が変わりました！」などの成功報告が数多く届き、確実に変化と結果を出す人生を変えるストーリーづくりの専門家として多くのクライエントから絶大な信頼を得ている。

著書に『世界に１つ あなただけの「魔法の言葉」』（フォレスト出版）、CD・ダウンロード教材に「人生が変わる魔法のことば」「未来更新式メソッド 時空力プログラム」「The 10-Second Change」（すべてフォレスト出版）がある。

現在、高額セッション・セミナーは常にソールドアウト。そして、「本来の自分らしい人生をクリエイトできる」社会を実現するべく、後継者の育成にも力を注ぎ、各地で養成講座を満席にし続けている。

装丁／小口翔平＋上坊菜々子＋岩永香穂（tobufune）
イラスト／加納徳博
DTP／山口良二

うまくいきそうでいかない理由

2016年10月 3日　初版発行
2016年10月27日　2刷発行

著　者　佐藤由美子
発行者　太田　宏
発行所　フォレスト出版株式会社
〒162-0824 東京都新宿区揚場町2-18　白宝ビル5F
電話　03-5229-5750（営業）
03-5229-5757（編集）
URL　http://www.forestpub.co.jp

印刷・製本　中央精版印刷株式会社

ISBN978-4-89451-730-1　Printed in Japan

読者限定
無料プレゼント

『うまくいきそうでいかない理由』
「10秒ワーク」解説動画

本書で紹介している、【崖っぷちの中から生まれた「10秒ワーク」】を、なぜ効果があるのか、佐藤氏が動画で解説します!
10秒ワークがなぜ効果があるのか、腑に落ちることで、ワークの効果が倍増することでしょう。

この無料プレゼントを入手するには
コチラへアクセスしてください

http://frstp.jp/10s

※動画は、WEB上で公開するものであり、
CD・DVDなどをお送りするものではありません。

※上記無料プレゼントのご提供は予告なく終了となる
場合がございます。あらかじめご了承ください。